Betriebs- und Wirtschaftsinformatik

Herausgegeben von
H. R. Hansen H. Krallmann P. Mertens A.-W. Scheer
D. Seibt P. Stahlknecht H. Strunz R. Thome

Eberhard Plattfaut

DV-Unterstützung strategischer Unternehmensplanung

Beispiele und Expertensystemansatz

Springer-Verlag
Berlin Heidelberg New York
London Paris Tokyo

Eberhard Plattfaut
Universität Erlangen-Nürnberg
Lange Gasse 20, D-8500 Nürnberg

n2

ISBN-13:978-3-540-18631-1 e-ISBN-13:978-3-642-73244-7
DOI: 10.1007/978-3-642-73244-7

CIP-Titelaufnahme der Deutschen Bibliothek. Plattfaut, Eberhard: DV-Unterstützung strategischer Unternehmensplanung : Beispiele u. Expertensystemansatz / Eberhard Plattfaut. – Berlin; Heidelberg; New York; London; Paris; Tokyo: Springer, 1988.
(Betriebs- und Wirtschaftsinformatik; 24)
ISBN-13:978-3-540-18631-1

NE: GT

2142/3140-543210

Vorwort

Unter den betriebswirtschaftlichen Fachgebieten, die in den nächsten Jahren an Bedeutung gewinnen werden, liegen nach einer Umfrage, die Marcus Bierich, Vorsitzender der Geschäftsführung der Robert Bosch GmbH, unter Praktikern und Hochschullehrern durchgeführt und deren Ergebnisse er auf dem Deutschen Betriebswirtschafter-Tag 1986 präsentiert hat, zwei Bereiche - die Strategische Planung und die Wirtschaftsinformatik - mit an der Spitze. Es liegt infolgedessen nahe, diese beiden Teilbereiche fachübergreifend zu verbinden, wie dies von den in der Untersuchung Befragten auch gesehen wurde. Diese Verbindungen aufzuzeigen, ist das Ziel der vorliegenden Schrift.

Die Arbeit entstand während der Tätigkeit von Herrn Plattfaut als wissenschaftlicher Mitarbeiter an meinem Lehrstuhl. In Zusammenarbeit mit Unternehmen wurden verschiedene Ansätze für eine DV-Unterstützung strategischer Unternehmensplanung realisiert. Praktiker haben diese am Rechner erprobt und als zukunftsträchtig eingeschätzt.

Dem Autor und mir ist es ein Anliegen, den Praktikern W. Ebert, H. Kaczmarek, Dr. J. Liese, W. Rosenthal und Dr. B. Schultheiß stellvertretend für die Nichtgenannten dafür zu danken, daß sie uns Einblick gewährt haben in Bereiche, die normalerweise als "top secret" gelten. Einige Passagen wurden daher gezielt anonymisiert, ohne daß die Herausarbeitung der zugrundeliegenden Gedanken darunter leiden würde. Unser Dank gilt auch den Studenten W. Bonhag, B. Gutmann, J. Podschadel, N. Scheuch, G. Schwandner und insbesondere G. Kraetzschmar, die an den verschiedenen Projekten beteiligt waren.

Nürnberg im März 1987

Peter Mertens

Inhaltsverzeichnis

1. EINLEITUNG

1.1. ÜBERBLICK

Die strategische Unternehmensplanung hat im Gegensatz zu anderen Bereichen des Unternehmens bisher nur geringe DV-Unterstützung erfahren. Dies hat folgende Gründe:

- Es liegt in der Natur der strategischen Planung als einem innovativen und kreativen Prozeß begründet, daß es schwieriger ist, eine DV-Unterstützung zu realisieren, als dies z.B. im Rechnungswesen der Fall ist.

- Der Nutzen von Systemen zur Unterstützung der strategischen Planung ist kaum zu quantifizieren. Dies wiegt um so schwerer, als solche Anwendungen häufig ausschließlich für die Belange der strategischen Planung aufgebaut werden müssen und ein (kostensparender) Rückgriff auf Daten der operativen Datenverarbeitung kaum möglich ist.

- Die strategische Planung ist im Vergleich zu anderen betriebswirtschaftlichen Funktionen noch ein relativ junges Gebiet. Ansoff schätzt den Beginn auf die Mitte der fünfziger Jahre (ANSOFF 81)

- Die Informationstechnik hat bisher nur wenige Werkzeuge zur Verfügung gestellt, die eine adäquate Unterstützung bei der Lösung strategischer Planungsaufgaben ermöglicht hätten.

Neuere Entwicklungen der DV bieten Ansatzpunkte, für die verschiedenen Teilaufgaben der strategischen Unternehmensplanung Einsatzmöglichkeiten informationstechnischer Hilfsmittel zu untersuchen. Zu denken ist insbesondere an Datenbanken, Kommunikationssysteme, moderne Planungssprachen und Expertensysteme.

Gestaltungsüberlegungen zu Systemen, die Unterstützung für die strategische Planung leisten, beschränken sich meist auf eine Ansammlung von Anforderungen und Systembestandteilen, ohne konkrete Realisierungsmöglichkeiten aufzuzeigen (vgl. z.B. ZMUD 86).

Anhand von Beispielen, die in Zusammenarbeit mit verschiedenen Unternehmen entwickelt worden sind, soll untersucht werden, wie sich Informationstechnik zur Unterstützung strategischer Planung einsetzen läßt. Einen Schwerpunkt der Betrachtung bilden dabei Verfahren der Künstlichen Intelligenz und hier insbesondere Expertensysteme.

Hofer und Schendel unterscheiden als die drei Ebenen strategischer Planung "Corporate", "Business" und "Functional Strategy" (HOFER/SCHENDEL 78, S. 12 ff.). Die im folgenden dargestellten Ansätze sind in erster Linie der Unterstützung strategischer Entscheidungen auf dem "Business Level" zuzuordnen. Ziel ist, Hilfestellung bei der Beantwortung der Frage zu leisten, wie Unternehmen in vorhandenen Geschäftsfeldern konkurrieren sollen. Weniger angesprochen wird das "Corporate Level", auf dem Entscheidungen darüber, in welchen Geschäftsfeldern Unternehmen tätig sein sollen, gefällt werden. Es ist jedoch anzumerken, daß die Grenzen zwischen den einzelnen Bezugsebenen nicht klar zu ziehen sind sondern fließend ineinander übergehen.

Abbildung 1.1./1 zeigt Verbindungen zwischen der strategischen Planung und der Informationstechnik (IT) auf.

Die Datenverarbeitung kann Hilfsmittel zur Unterstützung strategischer Entscheidungen bereitstellen. Der Aufbau von Informationssystemen ermöglicht jedoch auch, die Informationstechnik als Instrument zur Erringung von Wettbewerbsvorteilen einzusetzen. Insbesondere durch die zuletzt genannte Verbindung steigt die Bedeutung der IT für Unternehmen, so daß es notwendig wird, sie selbst in die strategische Planung des Unternehmens einzubeziehen. Dieses "Alignment of MIS with Business Goals" wird nach einer Umfrage von Fortune-1000-Unternehmen als die wichtigste Aufgabe der Zukunft für das MIS-Management angesehen (HERBERT/HARTOG 86).

Die drei angesprochenen Bereiche sind nicht klar voneinander zu trennen, sondern interdependent. Der Aufbau von Entscheidungsunterstützungssystemen bzw. Decision Support Systems (DSS) hilft, durch bessere Entscheidungen Wettbewerbsvorteile zu erringen. Eine effektiv und effizient durchgeführte Planung der DV im Unternehmen bildet die Grundlage für den Einsatz der Informationstechnik als strategisches Instrument und den Aufbau geeigneter DSS. Informationssysteme als Instrument der strategischen Planung können wiederum Daten bereitstellen, die den Aufbau von Hilfsmitteln zur Unterstützung strategischer Entscheidungen vereinfachen.

Abb. 1.1./1	Verbindungslinien zwischen Informationstechnik und strategischer Planung

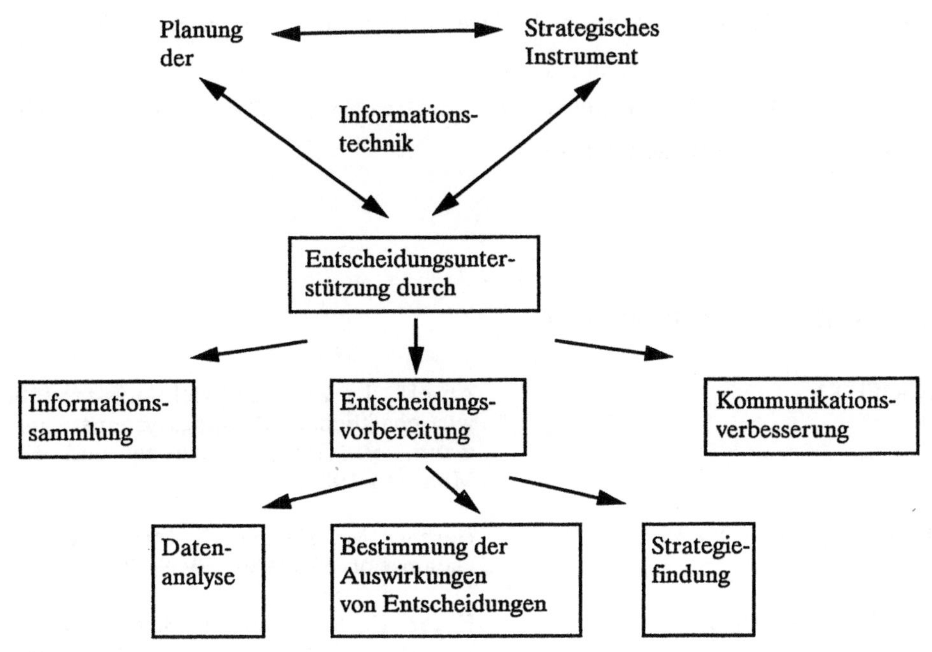

Schwerpunkt dieser Arbeit ist die Entscheidungsunterstützung strategischer Planung. Kapitel 2 geht auf den Einsatz der Informationstechnik als strategisches Instrument ein.

Kapitel 3 erläutert Möglichkeiten, Informationen für die strategische Planung zu sammeln und für Entscheidungen in adäquater Weise zur Verfügung zu stellen.

In Kapitel 4 werden Wege aufgezeigt, wie sich Informationen für die strategische Planung aufbereiten und analysieren lassen. Ein Schwergewicht liegt hier bei Simulationsmodellen für die Bestimmung der Auswirkungen alternativer Umweltereignisse und Entscheidungen.

Informationstechnik kann dazu beitragen, die Kommunikation im Entscheidungsprozeß durch die grafische Aufbereitung von Informationen zu verbessern. Kapitel 5 liefert auch einen Ansatz, den Prozeß der Entscheidungsfindung, an dem mehrere Personen beteiligt sind, durch die Bereitstellung asynchroner Kommunikationsmittel auf Basis eines Electronic-mail-Systems effizient zu gestalten.

Die Entwicklung und Realisierung eines Expertensystems zur Vorbereitung der Strategiefindung auf Basis der Portfolio-Ansätze ist Gegenstand des 6. Kapitels.

Den Abschluß bilden Überlegungen zu den Grenzen des DV-Einsatzes zur Unterstützung strategischer Entscheidungen.

1.2. LITERATUR ZU KAPITEL 1

ANSOFF 81	Ansoff, I., Zum Entwicklungsstand betriebswirtschaftlicher Planungssysteme, in: Steinmann, H. (Hrsg.), Planung und Kontrolle, München 1981, S. 59 ff.
HERBERT/HARTOG 86	Herbert, M., Hartog, C., MIS Rates the Issues, Datamation 32 (1986) 22, S. 79 ff.
HOFER/SCHENDEL 78	Hofer, C., Schendel, D., Strategy Formulation: Analytical Concepts, St. Paul u.a. 1978.
ZMUD 86	Zmud, R., Supporting Senior Executives through Decision Support Technologies: A Review and Directions for Future Research, in: McLean, E., Sol, H. (Hrsg.), Decision Support Systems: A Decade in Perspective, Amsterdam u.a. 1986, S. 87 ff.

2. INFORMATIONSTECHNIK ALS STRATEGISCHES INSTRUMENT

2.1. INFORMATIONSTECHNIK ZUM AUFBAU VON WETTBEWERBSVORTEILEN

Der Wertschöpfungsprozeß eines Unternehmens bezieht die unterschiedlichsten Technologien ein. Technologische Veränderungen können daher einen direkten Einfluß auf den Wettbewerb haben. Da Informationen Bestandteil jeder Aktivität im Wertschöpfungsprozeß sind, ist die Beherrschung der Informationstechnik von überragender Bedeutung für Unternehmen zur Erringung von Wettbewerbsvorteilen (PORTER 85, S. 167 ff.). Hinzu kommt, daß Informationstechnik hilft, die Informationsflüsse zwischen den einzelnen Aktivitäten und zu den Wertschöpfungsketten von Zulieferern und Abnehmern abzubilden. Durch die Optimierung dieser Verbindungen nach außen können Unternehmen Wettbewerbsvorteile aufbauen.

Informationstechnische Maßnahmen können alle Wettbewerbskräfte wie

- Verhandlungsmacht der Zulieferer,
- Verhandlungsmacht der Kunden,
- Bedrohung durch neue Konkurrenten,
- Bedrohung durch Substitute und
- Rivalität bestehender Unternehmen

beeinflussen. (PORTER/MILLAR 85, S. 155). Die Veränderung dieser Wettbewerbskräfte, die die Industriestruktur bestimmen, hat auch einen direkten Einfluß auf die Attraktivität der Industrie. Genauso wie durch informationstechnische Maßnahmen eines Unternehmens hervorgerufene Veränderungen die Attraktivität einer ganzen Industrie verbessern mögen, besteht auch die Gefahr einer Verschlechterung (PORTER 85, S. 176).

Wettbewerbsvorteile entstehen sowohl durch Kostensenkung als auch durch Produktdifferenzierung, die sich aus dem Einsatz der Informationstechnik ergeben. Dabei sind die Kostensenkungspotentiale nicht auf Bereiche beschränkt, in denen gleichartige wiederkehrende Aufgaben automatisiert werden. Die Erzielung von Differenzierungsvorteilen hängt in erster Linie davon ab, welche Rolle ein Produkt in der Wertschöpfungskette der Käufer spielt (PORTER/MILLAR 85, S. 156 f.).

Produkte beinhalten meist sowohl einen physischen als auch einen Informationsanteil. Das Ausmaß, in welchem sich Wettbewerbsvorteile durch den Einsatz von IT realisieren lassen, ergibt sich aus dem Informationsanteil im Produkt selbst und im Wertschöpfungsprozeß (vgl. Abb. 2.1./1 in Anlehnung an PORTER/MILLAR 85, S. 153). Der Stellenwert, den Information in einem Produkt hat, ist jedoch nicht statisch. Informationstechnische Maßnahmen ermöglichen den Informationsanteil auch in Produkten zu erhöhen, deren Hauptnutzen sich traditionell aus der physischen Komponente ergab. Die Informationstechnik erlaubt auch die Schaffung völlig neuer Produkte, die ausschließlich aus Information bestehen.

Abb. 2.1./1	Informationsintensitäts-Matrix für ausgewählte Branchen (PORTER/MILLAR 85, S. 153)

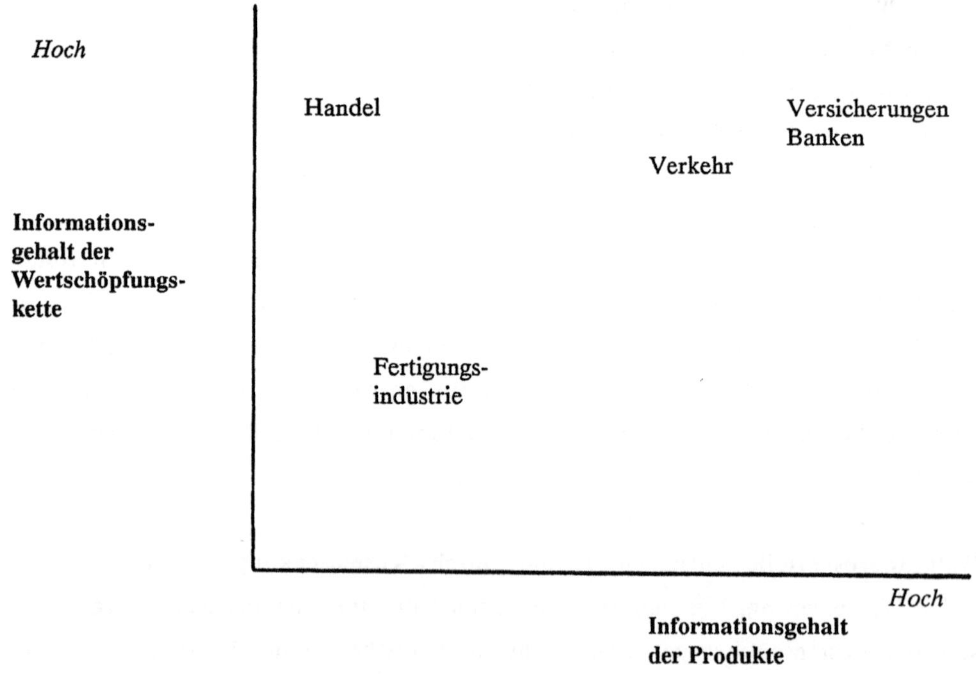

2.2. ANWENDUNGEN DER IT IN AUSGEWÄHLTEN BRANCHEN

2.2.1. FERTIGUNGSINDUSTRIE

Die Fertigungsindustrie liefert Beispiele, wie Produkte, die einen relativ geringen Informationsgehalt haben, mit Informationen angereichert werden können, um Zusatznutzen für den Kunden aufzubauen.

VW AG

Die VW AG betreibt eine weltweit zuständige Ersatzteilzentrale. In der Vertriebskette folgen die Großhandelslager der Vertriebszentren, die Importeure bzw. die Tochtergesellschaften im Ausland und schließlich die Lager der rund 11.600 Händler und Werkstätten, der sogenannten V.A.G.-Partner (MERTENS/PLATTFAUT 86).

Die VW AG hat das System AutoPart (Automatische Partnerversorgung) entwickelt, das die Lagerbewirtschaftung für die Partner-Betriebe übernimmt. Das System übernimmt u.a. folgende Aufgaben:

- Automatische Bestimmung des zu lagernden Ersatzteil-Sortiments
- Berechnung der Nachlieferung
- Ausgabe von Management-Informationen für den Partner
- Ausgabe von detaillierten Marketing-Informationen, die sich auf Betriebsvergleiche abstützen
- Ausgabe von Management-Informationen für Führungskräfte und Disponenten der Großhandelsebene sowie der VW AG.

AutoPart hat eine Reihe strategischer Elemente. Da in dem DV-Netz Informationen über Einkäufe, Bestände und Verkäufe von Ersatzteilen bei den einzelnen Händlern verfügbar sind, kann man einen Betriebsvergleich durchführen, der den Kunden interessante Aufschlüsse über Schwachstellen ihres Ersatzteilgeschäfts liefert. Handelt der Kunde nicht ausschließlich mit Originalersatzteilen, sondern pflegt er auch Geschäftsverkehr mit weiteren Anbietern, so wird der Betriebsvergleich stark verzerrt und dürfte seine Aussagekraft in aller Regel verlieren. Hinzu kommt, daß die Berechnung der Nachlieferungen durch AutoPart fehlerhaft wird, wenn auch Fremdteile im Lager gehalten werden. So entsteht also ein Hinderungsgrund, der den Händler zögern läßt, andere als Originalersatzteile in sein Sortiment aufzunehmen, und damit letztlich eine Eintrittsbarriere für die Konkurrenz.

BMW AG

Die BMW AG hat in einen Teil ihrer Fahrzeuge eine Wartungsintervallanzeige eingebaut. Sobald das Mikroelektroniksystem "errechnet" hat, daß eine Wartungsmaßnahme fällig sei, erscheint im Blickfeld des Fahrers ein auffälliges Warnlicht, das nicht der Fahrer, sondern nur die BMW-Werkstatt abstellen kann. Der Fahrer wird damit beinahe dazu gezwungen, seinen PKW regelmäßig vorbeugend zu warten. Die BMW AG sichert so ihren Händlern eine ausreichende Zahl von Wartungsarbeiten und fördert den Verkauf von Ersatzteilen. Wie schnell ein solcher mit verhältnismäßig einfachen Mitteln aufgebauter Wettbewerbsvorteil teilweise wieder aufgehoben wird, zeigt sich daran, daß inzwischen Warnlichtrücksteller für mehrere hundert DM angeboten werden (MERTENS/PLATTFAUT 86).

Rieter AG

Die Rieter AG in Winterthur, ein Textilmaschinenhersteller, konfiguriert komplette Spinnereianlagen nach der Spezifikation des Kunden. Auf der Grundlage der vom Computer zusammengestellten Spinnereianlage wird nicht nur der Verkaufspreis und damit die Investitionsausgaben kalkuliert; vielmehr ermittelt das System als besonderen Service auch die laufenden Betriebskosten im Kundenbetrieb. Das ist nur mit Hilfe einer sehr detaillierten Datenbank möglich, die z.B. für einzelne Länder die Stromtarife oder Produktivitätsdaten für die Arbeitskräfte (etwa durchschnittliche Zeit zur Behebung eines Fadenbruches) enthält. Für den Kunden ergibt sich ein besonderer Service daraus, daß zur Bestellung mehrere Konfigurationsalternativen simuliert werden können. Durch den Einsatz der IT wird zum eigentlichen Produkt eine Zusatzleistung in Form einer Beratung angeboten (MERTENS 86, S. 26 ff.).

General Electric Corp.

General Electric (GE) benutzt eine Datenbank, die die akkumulierte Erfahrung und das oft intuitive Wissen seiner Wartungstechniker beinhaltet. Kunden können sich bei einem gebührenfreien Telefonanruf beraten lassen. Durch diese verbesserte Beratung wird der Produktwert für den Kunden erhöht. Zusätzlich erhält GE durch die direkte Kommunikation mit den Kunden, ohne Händler einzuschalten, Anregungen zu notwendigen Verbesserungen bestehender Erzeugnisse oder sogar zu grundsätzlich neuen Produkten (BENJAMIN u.a. 84, HARRIS 85).

2.2.2. HANDEL

Die Wertschöpfungskette im Handel hat insbesondere aufgrund der logistischen Anforderungen einen hohen Informationsgehalt. Es bietet sich an, die Wertschöpfungkette der Kunden mit der eigenen zu integrieren oder Beratungsleistung für den Verkauf der Produkte zur Verfügung zu stellen.

Ferd. Schulze & Co.

Dieser Arzneimittelgroßhändler bietet Apotheken Mikrocomputer an, die es dem Apotheker erlauben, Bestellungen weitgehend automatisch durchzuführen. Der Apotheker muß dazu nur die Bestellung vorbereiten. Der Abruf der Daten erfolgt durch die DV-Anlage der Firma Schulze & Co. automatisch über das öffentliche Telefonnetz. Auch wenn es durch dieses System dem Apotheker möglich ist, bei anderen Lieferanten zu bestellen, wird er sicher einen großen Teil seiner Bestellungen über die Firma Schulze & Co. abwickeln, da sie ihm das System geliefert hat und zusätzliche Dienste wie eine Ferndiagnose des Rechners und auch eine automatische Pflege der Artikeldatei, die mehrfach im Monat durchgeführt werden muß, offeriert. Hinzu kommt noch, daß andere Anbieter sich dem von Schulze & Co. angebotenen System anpassen müssen, um es dem Apotheker überhaupt zu ermöglichen, bei ihnen zu bestellen (MERTENS/PLATTFAUT 86).

Benjamin Moore & Co.

Der Farbenhersteller Benjamin Moore stellt seinen Kunden (Einzelhändlern) einen PC, verbunden mit einem Spektrophotometer zur Verfügung. Das System erlaubt, Farbmuster zu analysieren, und gibt an, welche Farbpigmente in welcher Zusammenstellung gemischt werden müssen, um genau das vorliegende Farbmuster zu treffen. Der Vorteil des Einzelhändlers liegt darin, daß er seinen Kunden einen besonderen Service bereitstellen kann. Die Nutzung des Systems führt aber auch dazu, daß mehr Benjamin Moore-Farben verkauft werden, da der Rechner nur eine Rezeptur auf Basis dieser Produkte erstellt und somit die Konkurrenz ausgeschlossen wird (PETRE 85).

McKesson Corp.

McKesson bietet Apotheken Vor-Ort-Computer an, die nicht nur die Bestellungen erfassen und übermitteln (vgl. oben das System von Schulze), sondern auch Datenbasen über die Bezahlung durch die Patienten im Rahmen von Versicherungsverträgen führen. Das System ermöglicht es dem Apotheker auch, Allergien des Patienten gegen Drogen zu speichern und als zusätzliche Dienstleistung Aufstellungen für die Steuererklärung des Kunden zu drucken. Bei den Apotheken, die diesen Service annahmen, konnte McKesson eine Verdoppelung bis Verdreifachung des Umsatzanteils feststellen (ROCKART/SCOTT MORTON 84).

American Hospital Supply Corp.

Die American Hospital Supply Corp. (AHS) ist ein Großhandelsunternehmen, das die von ca. 8.500 Herstellern erzeugten Produkte an etwa 100.000 Krankenhäuser, Arztpraxen und ähnliche Institutionen verkauft. AHS stellte als erster Betrieb in großem Maße Datenendgeräte bei seinen Kunden auf, mit deren Hilfe diese Aufträge erteilen und ihre eigene Lagerhaltung unterstützen konnten, wodurch die Integration zwischen AHS und ihren Kunden erhöht und "Switching-costs" für den Kunden aufgebaut wurden. Die Kunden konnten ihre Bestellprozeduren vereinfachen und beschleunigen und damit ihre Vorräte reduzieren. Im Gegensatz zu dem System von Schulze wird hier die Bestellung bei anderen Lieferanten mit den von AHS gelieferten Datenendgeräten ausgeschlossen (BENJAMIN u.a. 84). Hierdurch werden Eintrittsbarrieren für Konkurrenten aufgebaut.

General Foods Corp.

Dieser Nahrungsmittelgroßhändler hat ein Pilotprogramm gestartet, welches Supermärkten gestatten soll, ihr Sortiment besser mit den demographischen Gegebenheiten ihres Einzugsgebiets abzustimmen. Informationen von den Datenkassen werden mit ökonomischen und demographischen Daten der regionalen Märkte kombiniert. Das DV-System erstellt Berichte, die spezifizieren, welche Artikel im jeweiligen Supermarkt besonders gepflegt werden sollten (ANDERSON 86).

2.2.3. VERKEHR

Die zur Abwicklung von Dienstleistungen im Verkehrsbereich notwendigen großen Datenmengen und die große Zahl von Abnehmern haben besonders markante Beispiele zum Einsatz der IT als strategisches Instrument zur Folge gehabt.

American Airlines

American Airlines (AA) hat aus seinem Platzbuchungssystem zum einen ein neues Produkt und zum anderen ein System entwickelt, welches sein eigentliches Fluggeschäft unterstützt. Im SABRE-System (SemiAutomative Business Research) sind die Flugpläne von allen bedeutenderen Fluggesellschaften in der ganzen Welt gespeichert. Das System wurde an etwa die Hälfte US-amerikanische Reisebüros verkauft. Die Reisebüros zahlen für jede mit Hilfe von SABRE getätigte Flugbuchung, soweit es nicht eine AA-Buchung ist, 1,75 Dollar. SABRE arbeitet mit einer Umsatzrentabilität von rund 50 % (PETRE 85). Diese Rentabilität liegt beträchtlich über der des eigentlichen Fluggeschäftes der Gesellschaft. Ein wesentliches Element im Wettbewerb war, daß SABRE die Flüge von AA immer als erste auf den Bildschirm brachte. Da viele Reisevermittler nicht lange blätterten, wurde die Selektionsentscheidung durch das System direkt beeinflußt. Für mit ähnlichen Systemen nachfolgende Wettbewerber ergab sich eine Eintrittsbarriere, da Reisebüros kaum gewillt waren ein zweites System zu installieren.

Wie ein durch IT gewonnener Vorteil, der die Wettbewerbsstruktur der Branche entscheidend prägte und kaum einholbar schien, gefährdet werden kann, zeigt die Reaktion der Konkurrenten, um den technologischen Vorsprung aufzuholen: In Europa haben Scandinavian Airlines, Lufthansa, Iberia und Air France den Aufbau des Reservierungssystems Amadeus begonnen. British Airways, KLM, Swissair und United Airlines planen einen ähnlichen Zusammenschluß (HARRIS 87, DONNE 87). Des weiteren mußte die "Schlagseite" bei der Auflistung der möglichen Flüge in SABRE inzwischen auf Druck von Regierungsstellen beseitigt werden. Dieses Beispiel verdeutlicht insbesondere die Gefahr, die in Informationssystemen mit zu großer Benachteiligung der Wettbewerber liegt (MERTENS/PLATTFAUT 86).

Die Entwicklung in der Bundesrepublik verläuft beinahe parallel. Das marktbeherrschende System START bevorteilt, wenn auch nur geringfügig, ebenfalls seine Betreiber (Lufthansa, Bundesbahn u.a.). So wird z.B., wenn ein Fluggast von Nürnberg nach Paris fliegen will, der Direktflug des Nürnberger Flugdienst nur über eine Sonderabfrage angezeigt, die keine direkte Auskunft über die Verfügbarkeit von freien Plätzen und damit auch keine sofortige Buchung ermöglicht. START bekommt inzwischen Konkurrenz dadurch, daß sich deutsche Reisebüros Anschluß an die amerikanischen Systeme verschaffen. START reagiert darauf mit Plänen, START-Nutzern einen Durchgriff auf amerikanische Buchungssysteme zu erlauben bzw. mit dem Aufbau von Amadeus.

Red Lion Inns

Die gesamte Buchungssituation der in der Kette zusammengeschlossenen 52 Hotels mit insgesamt 11.000 Zimmern ist in einem DV-System gespeichert (HARRIS 85). Sobald das System in einem Hotel eine unterdurchschnittliche Buchungslage feststellt, wird automatisch eine Nachricht an alle anderen Hotels und an das SABRE-Reservierungsnetzwerk gesandt, wobei man gleichzeitig Rabatte bis zu 50 % einräumt. Die Möglichkeit der auslastungsabhängigen sofortigen Preisreduktion hat für die Hotelkette zu einer über dem Durchschnitt liegenden Belegung geführt.

2.2.4. VERSICHERUNGEN

Die von Versicherungen angebotenen Produkte erfordern eine besonders informationsintensive Beratungsleistung. Es bietet sich an, diese durch IT zu unterstützen.

Nürnberger Lebensversicherung AG

Diese Versicherungsgesellschaft hat ein Produkt zur Kundenberatung entwickelt und eingeführt. Es handelt sich um ein Dialogsystem, mit dem man beispielsweise eine Baufinanzierung durchrechnen kann. Dabei sind relativ komplizierte Kombinationen zwischen Einsatz verschiedener Eigenkapitalbeträge, Bankkrediten, Bausparverträgen und Lebensversicherungen so berücksichtigt, daß günstige steuerliche Regelungen ausgenutzt werden können. Die Vorführung eines solchen Dialogs überzeugt dadurch, daß man nicht nur den Einsatz der Finanzierungsinstrumente variieren, sondern auch Vergleichsangebote durchrechnen kann. Der Vertreter der Versicherung kann so ein Standard-Finanzierungsangebot einer örtlichen Bank dem gegenüberstellen, das mit Hilfe des DV-Systems ausgearbeitet wurde, und oft nachweisen, daß z.B. ein Bauherr einige Tausend

DM allein an Steuern spart, wenn er die von der DV-Anlage vorgeschlagene Lösung akzeptiert. Die Anpassung der eigenen Produkte an das System führt dazu, daß diese bei den Berechnungen besonders häufig in der besten Alternative vertreten sind (MERTENS/PLATTFAUT 86).

Aetna Life and Casualty Co.

Das System "Gemini" dieser Versicherungsgesellschaft erlaubt Versicherungsagenten, die auch Aetna-Policen verkaufen, Anträge jeder beliebigen Versicherungsgesellschaft in ihren Büros zu bearbeiten; es werden jedoch nur Anträge von Aetna automatisch ausgefüllt und ausgedruckt. Zusätzlich ist es den Agenten möglich, durch Verlagerung ihres Versicherungsgeschäfts zu Aetna die Gebühren für die Nutzung des Systems, die Aetna erhebt, zu verringern (PETRE 85). Wie auch das System der Nürnberger Lebensversicherung beeinflußt dieses die Selektionsentscheidung. Das geschieht allerdings durch einen zusätzlichen Service und nicht durch eine direkte Unterstützung beim Auswahlprozeß.

Cigna Corp.

Cigna Corp., eine andere Versicherungsgesellschaft, ermöglicht ihren Kunden, durch Zugriff auf die Daten der Versicherung Analysen mit dem Ziel einer Verringerung ihres Prämienaufkommens durchzuführen. So kann z.B. ein Produktionsbetrieb Betriebsstätten mit besonders hohen Unfallzahlen lokalisieren und mit Hilfe von Sicherheitsmaßnahmen die sich ergebenden Versicherungskosten absenken. Der durch das System entstehende zusätzliche Nutzen hatte bei einigen Großunternehmen wesentlichen Anteil daran, sie als Kunden neu zu gewinnen (PETRE 85).

2.2.5. BANKEN

Wie bei Versicherungen sind die Produkte und die Wertschöpfungskette der Banken besonders informationsintensiv. Wie stark diese Industrie durch den Einsatz von IT geprägt wird, zeigen z.B. die schon frühzeitig aufgebauten Systeme zur elektronischen Überweisung, die Cash-management-Systeme und die Entwicklungen im POS-Banking.

Merril Lynch & Co.

Im Cash-Management-Account (CMA) werden die wesentlichen Daten aus dem Scheckverkehr, dem Sparkonto, dem Kreditkartenumlauf und dem Wertpapierkonto des einzelnen Kunden in einem Monatsbericht zusammengefaßt (BENJAMIN u.a. 84). Gleichzeitig wird die Verteilung der Habenbestände auf den Konten zinsgünstig optimiert. Der CMA ist ein Beispiel dafür, wie durch den Einsatz von Informationstechnik ein neues Produkt geschaffen wurde, das andere zu substituieren vermochte. Merril Lynch konnte mit diesem System nach seiner Einführung (1978) Milliardeneinlagen von Konkurrenten abziehen. Mit vergleichbaren Systemen nachfolgende Wettbewerber konnten bislang den Pioniergewinn von Merril Lynch, das ca. 70 % Marktanteil in diesem Bereich errang, nicht einholen (HARRIS 85).

2.3. IDENTIFIZIERUNG VON EINSATZBEREICHEN

Einen Ansatzpunkt bietet die Analyse bestehender Systeme von Konkurrenten oder auch aus anderen Branchen.

Informationstechniken, in denen ein Unternehmen bereits Know-how gesammelt hat, bieten sich an, auch für strategische Ziele eingesetzt zu werden, da das Risiko geringer ist als wenn vor der Entwicklung der Anwendung erst die informationstechnischen Grundlagen geschaffen werden müssen.

Critical Success Factors (CSF), die man zur Entwicklung konventioneller Informationssysteme auch braucht, werden identifiziert, und man fragt, ob man hieraus ein strategisches Instrument machen kann (zu CSF vgl. ROCKART 79/82). Für ein Verkehrsunternehmen ist es ein CSF, das Interesse der potentiellen Kunden auf das eigene Angebot zu lenken. Die Frage, wie die Kundschaft ein Verkehrsmittel auswählt, führt dann dazu, bei Datenbankabfragen in möglichst auffälliger Weise vertreten zu sein. SABRE ist ein Beispiel dafür.

Porter sieht Möglichkeiten zum Einsatz der IT als strategisches Instrument insbesondere in der Optimierung der Verbindungen des Unternehmens nach außen (PORTER/MILLAR 85, S. 150). Dies würde auf die Neugestaltung der Informationsflüsse zu Kunden und Lieferanten hinauslaufen. Arthur Andersen & Company hat in Zusammenarbeit mit Porter die METHOD/1 zur Entwicklung von IS weiterentwickelt (CAN-

NING McNURLIN 86, S. 10 f.). Die Analyse konzentriert sich im ersten Schritt auf Porter's Wettbewerbskräfte. Wenn man diese Faktoren bezüglich ihrer Beeinflußbarkeit durch Informationstechnik durchgeht, kommt man zu Überlegungen, wie z.B. die Verbindung zum Kunden verändert werden kann, so daß für diesen "Switching-costs" entstehen. Im zweiten Schritt wird die Wertschöpfungskette einzelner Produkte untersucht, um Ideen für den Einsatz der IT als strategisches Instrument zu generieren. Analysen dieser Art können etwa zur Entwicklung von Systemen wie etwa bei AHS, Schulze & Co. und McKesson führen.

Einem ähnlichen Ansatz folgt der CRLC (Customer Resource Life Cycle) (IVES/LEARMONTH 84). Er ist auf die Betrachtung der Kundenbeziehung begrenzt und beinhaltet in diesem Bereich eine detailliertere Analyse als der vorhergehende Ansatz. Die einzelnen Stationen dieses Zyklus können als Gerüst verwendet werden, um Ansätze zur Intensivierung der Kundenbeziehung zu entwickeln. Die Systematik beinhaltet, auf die wesentlichen Aspekte verkürzt, folgende Schritte (MERTENS/PLATTFAUT 86):

- Mengenmäßige Bedarfsermittlung
  Der Fiberglas-Hersteller Owens Corning führt kostenlose Berechnungen über den Bedarf an Isolationsmaterial für neue Gebäude durch, vorausgesetzt das Isolationsmaterial wird über Owens Corning bezogen.

- Bedarfsspezifikation
  In einigen Fällen ist die Kundenbestellung mit der mengenmäßigen Bedarfsermittlung noch nicht ausreichend spezifiziert, vielmehr existieren noch Freiheitsgrade in Packungsgrößen und Varianten. Ein Hersteller von Glückwunschkarten beliefert seine Kunden, wenn diese eine Bestellung für einen bestimmten Typ (z.B. Hochzeitstag) abgeben, automatisch mit den sich gegenwärtig am besten verkaufenden Ausprägungen dieses Typs.

- Lieferantenauswahl
  Ein Beispiel für die Beeinflussung der Lieferantenauswahl stellen die oben erwähnten Buchungssysteme der Luftverkehrsgesellschaften dar.

- Bestelladministration
  Insbesondere im Pharmabereich haben Großhändler Systeme geschaffen, die einen automatischen, ständig verfügbaren Bestellservice ermöglichen (vgl. die Fälle von AHS und Schulze).

- Bezahlung
  Hierzu gehören die verschiedenen Systeme zur technischen Zahlungserleichterung (z.B. POS-Banking) oder zur Verbindung von Kaufkrediten mit der Abrechnungserleichterung (Kredit-Karten-Organisationen).

- Warenübergabe
  Bei informationsintensiven Gütern, wie z.B. Lehrmaterial, oder auch physisch zu versendenden Disketten wäre es möglich, diese Inhalte per Datenfernübertragung von einem Zentralcomputer in die Rechenanlage des Kunden zu übermitteln (Downloading).

- Wareneingangsprüfung und -annahme
  Die Wareneingangsprüfung könnte z.B. vom Lieferanten übernommen werden. Er würde Kontrollen gemäß den Spezifikationen des Kunden durchführen, ohne daß dieser die kapitalintensiven Qualitätskontrollsysteme selbst betreiben müßte. Der Kunde wäre über Datenfernübertragung sogar in der Lage, Parameter (z.B. Stichprobengröße) kurzfristig zu variieren.

- Einlagerung und Lagerbestandsführung /-disposition
  Das oben angesprochene System AutoPart, aber auch die Anwendungen von AHS und Schulze stellen Versuche der Lieferanten dar, den Abnehmer nicht zuletzt auch zum Vorteil des Lieferanten bei der Lagerbestandsführung und Disposition zu unterstützen.

- Instandhaltung
  Die Ideen der innerbetrieblichen computerunterstützten Instandhaltungsplanung und -steuerung lassen sich teilweise auf die Pflege des beim Kunden installierten Maschinenparks durch den Lieferanten übertragen. Ein amerikanischer Maschinenhersteller hat an den Maschinen seiner Kunden Sensoren angebracht, die Daten über den Betriebszustand der Anlagen an ein Zentrum des Herstellers übermitteln. Die Daten werden ausgewertet und u.U. die sofortige Auslieferung von Ersatzteilen veranlaßt (MERTENS/PLATTFAUT 86).

- Verbrauchsinformationen
  Möglicherweise empfindet es der Kunde als besonderen Service, zusammenfassende Übersichten über die Geschäftsverbindung mit seinem Lieferanten zu erhalten (vgl. die Fälle AutoPart und Schulze) oder auch fertige Zusammenstellungen von Banken über Ein- und Auszahlungen auf laufenden Konten (z.B. alle Mieteinnahmen, alle Zahlungen für Kredittilgungen, alle Spesen für Wertpapiertransaktionen usw.) zu bekommen.

Wiseman hat eine Vorgehensweise zur Identifizierung von Ansatzpunkten für strategische Informationssysteme (SIS) entwickelt, die in Abbildung 2.3./1 skizziert ist (WISEMAN 85, S. 52 ff.).

Abb. 2.3./1	Identifizierung von Ansatzpunkten für strategische Informationssysteme (WISEMAN 85, S. 57)

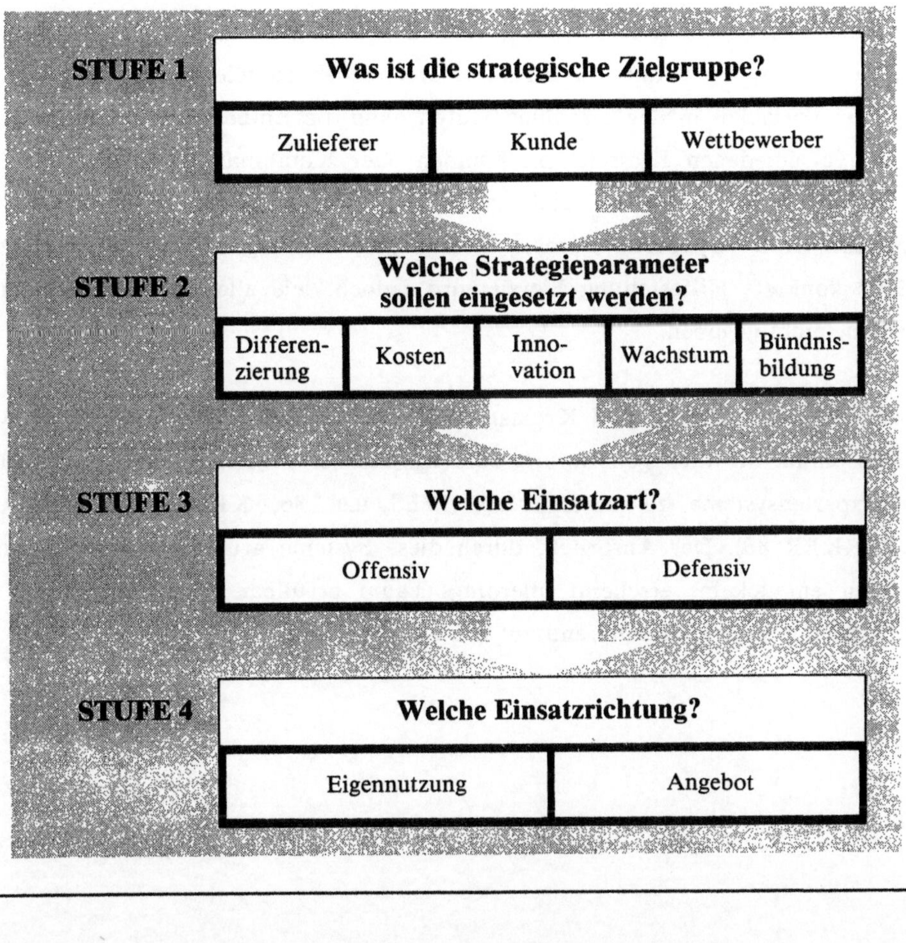

Im ersten Schritt werden die strategisch relevanten Zielgruppen von SIS analysiert und die für das Unternehmen geeigneten ausgewählt.

Im zweiten Schritt fragt man nach den Strategieparametern bzw. Handlungsalternativen, die die Veränderung der Beziehungen zu den ausgewählten Zielgruppen bewirken sollen. Wiseman unterscheidet hier Differenzierung, Kosten, Innovation, Wachstum und Bündnisbildung.

Im dritten Schritt wird untersucht, ob die Alternativen offensiv zur Erhöhung eines strategischen Vorteils oder defensiv zur Verringerung eines strategischen Vorteils, den eine der Zielgruppen hält, eingesetzt werden sollen.

Der letzte Schritt dient dazu festzulegen, ob das SIS, welches die strategische Handlungsalternative unterstützt und zur Wirkung bringt, vom Unternehmen selbst genutzt oder den Zielgruppen zur Verfügung gestellt werden soll.

Zweck dieser Vorgehensweise soll sein, eine möglichst große Zahl von Ansatzpunkten für SIS zu finden, um daraus die erfolgversprechenden zu selektieren. Durch Kombination aller Variablen in den einzelnen Stufen ohne die Einbeziehung von Untergruppen, z.B. verschiedenen Klassen von Kunden oder Kombinationen von strategischen Handlungsalternativen, ergäben sich zumindest 60 (3*5*2*2) Ansatzpunkte. Diese müßten daraufhin untersucht werden, welche Informationstechnik eingesetzt werden soll. Eine konkrete Hilfestellung hierzu wird jedoch, wie allerdings auch in anderen Konzepten, nicht gegeben.

Ives, auf Basis des CRLC, und Krcmar, Gedanken von Wiseman aufgreifend, versuchen sich daran, die Ideengenerierung zum Einsatz der IT als strategisches Instrument durch Expertensysteme zu unterstützen (IVES u.a. 86, KRCMAR 85/86, GONGLA/PARKER 86). Der Anspruch, durch diese Systeme grundsätzlich neue Anwendungen zu entwickeln, erscheint allerdings kaum erfüllbar. Die Abarbeitung einer Checkliste kann jedoch stimulierend auf die Ideenfindung wirken.

2.4. LITERATUR ZU KAPITEL 2

ANDERSON 86 — Anderson, D., Case Studies and Implementations of LDI Arrangements, Data Communications 15 (1986), S. 173 ff.

BENJAMIN u.a. 84 — Benjamin, R., Rockart, J., Scott Morton, M., Wyman, J., Information Technology: A Strategic Opportunity, Sloan Management Review 25 (1984) 3, S. 3 ff.

CANNING McNURLIN 86 — Canning McNurlin, B. (Hrsg.), Uncovering Strategic Systems, EDP Analyzer 24 (1986) 10, S. 1 ff.

DONNE 87 — Donne, M., Airlines Agree on Reservation Link-up, Financial Times vom 11. Juli 1987, S. 6.

GONGLA/PARKER 86 — Gongla, P., Parker, M., Enterprise-wide Information Management: An Expert System for Assessing Organizational Functioning and Problem Areas, in: Roos, J. (Hrsg.), Proceedings of the ifac International Conference on Economics and Artificial Intelligence, Aix-en-Provence 1986, S. 221 ff.

HARRIS 85 — Harris, C., Information Power, Business Week vom 14. Oktober 1985, S. 48 ff.

HARRIS 87 — Harris, C., A Shoving Match in the Travel Agency, Business Week vom 22. Juni 1987, S. 116 ff.

IVES/LEARMONTH 84 — Ives, B., Learmonth, G., The Information System as a Competitive Weapon, Communications of the ACM, 27 (1984) 12, S. 1193 ff.

IVES u.a. 86 — Ives, B., Sakamoto, G., Gongla, P., SPARK: A Facilitative System for Identifying Competitive Applications for Information Technology, Arbeitspapier des Dartmouth College, Hanover 1986.

KRCMAR 85 — Krcmar, H., Enterprise-wide Information Management, Expert Systems for Information Management, IBM Los Angeles Scientific Center Report No. G320-2767, Los Angeles 1985.

KRCMAR 86 — Krcmar, H., Architecture for a Support Environment to Identify Competitive Information Systems Opportunities, Arbeitspapier der New York University, New York 1986.

MERTENS 86 — Mertens, P., Industrielle Datenverarbeitung, Bd. 1, Administrations- und Dispositionssysteme, 6. Auflage, Wiesbaden 1986.

MERTENS/PLATTFAUT 86 — Mertens, P., Plattfaut, E., Informationstechnik als strategische Waffe, Information Management 1 (1986) 2, S. 6 ff.

PETRE 85 — Petre, P., How to Keep Customers Happy Captives, Fortune vom 2. September 1985, S. 42 ff.

PORTER 85 — Porter, M., Competitive Advantage, New York 1985.

PORTER/MILLAR 85 — Porter, M., Millar, V., How Information Gives You Competitive Advantage, Harvard Business Review 63 (1985) 4, S. 149 ff.

ROCKART 79 — Rockart, J., Chief Executives Define Their Own Data Needs, Harvard Business Review 57 (1979) 2, S. 81 ff.

ROCKART 82 — Rockart, J., Current Uses of the Critical Success Factors Process, in: Society for Information Management (Hrsg.), Proceedings of the Fourteenth Annual Conference, Chicago 1982, S. 17 ff.

ROCKART/SCOTT MORTON 84 — Rockart, J., Scott Morton, M., Implications of Changes in Information Technology for Corporate Strategy, Interfaces 14 (1984) 1, S. 84 ff.

WISEMAN 85 — Wiseman, C., Strategy and Computers: Information Systems as Competitive Weapons, Homewood 1985.

3. INFORMATIONSSAMMLUNG

3.1. EXTERNE UND INTERNE INFORMATIONSBANKEN ZUR INFORMATIONSBESCHAFFUNG

Eine entscheidende Teilaufgabe in der strategischen Planung ist die Beschaffung von Informationen als Basis für weiterführende Analysen. Im Konsumgüterbereich stehen zur Gewinnung von Marktdaten, z.B. Marktanteilen und Marktentwicklungen, wie sie für Neuproduktentscheidungen relevant sind, zumindest die Dienste der Marktforschungsinstitute zur Verfügung. Diese werden zu einer Vielzahl von Produkten in unterschiedlichen Branchen angeboten. Der Zugriff kann, wie beim System INMARKT (GFK o.J.), komfortabel online über Datenfernübertragung erfolgen. Im Investitionsgüterbereich existieren Informationsangebote in Form einer solchen die Anforderungen dieses Bereichs berücksichtigenden und zentral abrufbaren Datenbank nur in vernachlässigbarem Umfang (HEINZELBECKER 83, S. 42).

Einen Ausweg zur Schließung der Informationslücke bietet die Nutzung externer Informationsbanken oder der Aufbau speziell auf die Bedürfnisse des Unternehmens zugeschnittener interner Informationsbanken. Diesem Vorteil der Ausrichtung auf die Informationsbedürfnisse des Unternehmens stehen jedoch als Nachteil die sehr hohen Kosten gegenüber. Dieser Weg ist daher insbesondere dem Aufbau sensitiver Datenbestände vorbehalten. Zu solchen internen Datenbanken sind allerdings nur wenige Informationen zugänglich.

Momentan werden bereits über 3.000 externe Informationsbanken zu den verschiedenen Wissensgebieten angeboten. Der Umfang dieser Datenbanken schwankt allerdings zwischen wenigen hundert und mehr als zehn Millionen Dokumenten. Am weitesten abgedeckt ist hierbei der naturwissenschaftliche/technische Bereich. Auf dem Gebiet der Wirtschaftsinformation bestehen noch große Lücken. Ein wesentlicher Grund liegt in der geringen Nutzung des bestehenden Potentials. Eine mit der MAN Nürnberg durchgeführte Umfrage bei den wichtigsten Hosts, die etwa zwei Drittel des Datenbankangebots abdecken (REMINGER 84), und andere Untersuchungen (HENNEMANN-BÖCKELS 83/84) ergaben, daß nur wenig mehr als hundert wesentliche Datenbanken im Bereich der Wirtschaftsinformationen für Produkt-, Markt- und Firmeninformationen zur Verfügung stehen.

Hinsichtlich des Aufbereitungsgrades unterscheidet man Faktendatenbanken und bibliographische Datenbanken. Hierbei bieten die Faktendatenbanken den Vorteil, daß aus ihnen abgefragtes Wissen direkt interpretiert und weiterverarbeitet werden kann. Bei der Verwendung von bibliographischen Hinweisen fallen Zeitverluste bei der Beschaffung der Quellen an.

3.2. BEISPIELE ZUR NUTZUNG EXTERNER INFORMATIONSBANKEN

3.2.1. ABFRAGE VON MARKTINFORMATIONEN

In Zusammenarbeit mit der MAN Nürnberg wurden einige beispielhafte Abfragen durchgeführt, um die Eignung externer Informationsbanken für die Deckung strategischer Informationsbedarfe zu prüfen. Ziel einer Reihe von Abfragen war, für

- verschiedene Länder (China, Japan, Mexiko, USA und andere) und
- Geschäftsbereiche (Werften, Kraftwerke, Bergbau und Offshore)

Informationen über

- geplante Großprojekte,
- Marktvolumina und
- Aktivitäten der wichtigsten Wettbewerber

zu gewinnen.

Im ersten Schritt wurden geeignete Hosts auf Basis einer Datenbankanbieter-Befragung und der Beschreibung einzelner Datenbanken ausgewählt. Im nächsten Schritt wurden durch "Crossfile-searching", welches gleichzeitiges Durchsuchen verschiedener Datenbanken nach angegebenen Stichwörter erlaubt, die Datenbanken mit den höchsten Trefferquoten ausgewählt. Auf Basis dieser Informationen schienen die Datenbanken Predicasts PROMT (PTSP), Financial Times (FNTL) und die Dokumentation Maschinenbau (DOMA) am ehesten zur Deckung der Informationsbedarfe geeignet.

Die Ergebnisse lassen sich wie folgt zusammenfassen (vgl. auch REMINGER 84):

Die Zahl der für die Deckung des Informationsbedarfs über Großprojekte verwertbaren Dokumente schwankte je nach geographischer Region sehr stark. Für die USA und Kanada waren nur 5 % der gefundenen Dokumente für die Beantwortung der Fragestellung geeignet, für Asien immerhin 50 %, obwohl sich über 50 % der Dokumente auf Nordamerika bezogen (dies gilt sowohl für PTSP als auch für FNTL). Der Bedarf an Informationen zu dieser Frage konnte zum Teil gedeckt werden. Problematisch ist allerdings, daß Unklarheit darüber bestehen bleibt, welcher Prozentsatz der existierenden relevanten Informationen gefunden wurde. Die parallele Suche in PTSP und FNTL ergab jedoch annähernd gleiche Ergebnisse. Um eine größere Sicherheit zu erzielen, müßte man weitere Datenbanken abfragen. Ein Nachteil bei den meisten Datenbanken ist, daß sie relativ stark auf Nordamerika zugeschnitten oder gar für europäische Nutzer gesperrt sind.

Der Versuch, Informationen über Marktvolumina für die einzelnen Geschäftsfelder in verschiedenen Ländern zu gewinnen, hatte keinen Erfolg.

Zur Frage nach den Aktivitäten der Wettbewerber in verschiedenen Regionen konnten zahlreiche verwertbare Dokumente gefunden werden. Eine weitere Aufgliederung nach einzelnen Geschäftsfeldern war allerdings, wegen der zu geringen Anzahl von Dokumenten, nicht möglich. Die gefundenen Informationen ließen Rückschlüsse auf die Aktivitäten der Wettbewerber zu, wobei von der Anzahl der Hinweise zu einem Unternehmen nicht direkt auf seine Bedeutung zu schließen ist. Sie ließen sich jedoch teilweise durch eine parallel durchgeführte Umfrage in Vertriebsgesellschaften der MAN validieren.

3.2.2. ABFRAGE VON INFORMATIONEN ÜBER TECHNOLOGISCHE SCHWERPUNKTE VON KONKURRENZUNTERNEHMEN

Die Analyse der eigenen Position und die der Wettbewerber in den für das Unternehmen wichtigsten Technologien und deren Umfeld ist von existentieller Bedeutung. Patente sind die aktuellsten öffentlich zugänglichen Dokumente über technologische Entwicklungen. Bisher wurden Patentdatenbanken in erster Linie zur Beantwortung patentrechtlicher Fragestellungen eingesetzt. Sie können aber auch Informationsbedarfe der strategischen Unternehmensplanung decken.

Durch gezielte Abfragen innerhalb eines Technologiebereichs kann analysiert werden (ASHTON u.a. 83),

- wie schnell er sich entwickelt (auf Basis der Anzahl der Patente pro Zeiteinheit, der beteiligten Firmen und der in den Technologiebereich ein- oder aussteigenden Unternehmen),

- welche Unternehmen in diesem Bereich führend sind (Patente pro Unternehmen oder meist referenzierte Patente) und

- ob Konkurrenten eine offensive oder defensive Strategie verfolgen (ein defensiv vorgehender Konkurrent wird versuchen, sich auch die Randbereiche in der Nähe seiner wichtigsten Patente schützen zu lassen).

Derartige, aus angemeldeten Patenten sich ergebende "Besitzverhältnisse" in einem Technologiebereich lassen sich in flurkartenähnlichen Graphiken veranschaulichen (vgl. Abbildung 3.2.2./1). Die dargestellten Beziehungen können allerdings nicht maschinell ermittelt werden, sondern erfordern eine intellektuelle Analyse der einzelnen sich aufeinander beziehenden Patente bezüglich ihrer Bedeutung (wichtiges Basispatent bzw. unwichtiger Teilbereich) und ihres Charakters (Defensiv- oder Offensiv-Patente). Im Beispiel der Abbildung wird das technologische Umfeld von fünf Basispatenten der Firma A gebildet. Diese Basis wird durch drei Defensivpatente nach einer Seite abgesichert. An den ungeschützten Flanken des technologischen Zentrums werden die Entwicklungsmöglichkeiten des Unternehmens A durch Cluster von Offensivpatenten der Firmen B und C eingeschränkt (FENDT 83, S. 42). Durch eine Datenbankrecherche kann eine solche Auswertung weitgehend vorbereitet werden, da sich zum einen alle Patente innerhalb eines Patentbereichs anzeigen und zum anderen auch die in einem Patentbereich am häufigsten referenzierten Patente abfragen lassen. In früheren Patentanalysen (CAMPBELL/NIEVES 79) mußten Abfragen beispielsweise mit dem Ziel, die fünf meist referenzierten Patente und die Zahl ihrer Nennungen innerhalb eines Technologiebereichs zu finden, zunächst manuell durchgeführt und dann mittels Statistikprogrammen aufbereitet werden. Neuere komplexe Abfragemöglichkeiten, verbunden mit einfachen statistischen Auswertungen, erlauben es diese online am Rechner in der Datenbank durchzuführen (beispielsweise mit Questels MEMSORT (QUESTEL 86)). Die Deckung von Informationsbedarfen über die "Aktivität" in einem Technologiebereich läßt sich noch stärker maschinell unterstützen. In Zusammenarbeit mit der MAN Nürnberg wurden Abfragen durchgeführt mit dem Ziel,

Abb. 3.2.2./1 Darstellung der technologischen Besitzverhältnisse in einem Technologiebereich (FENDT 83, S. 42)

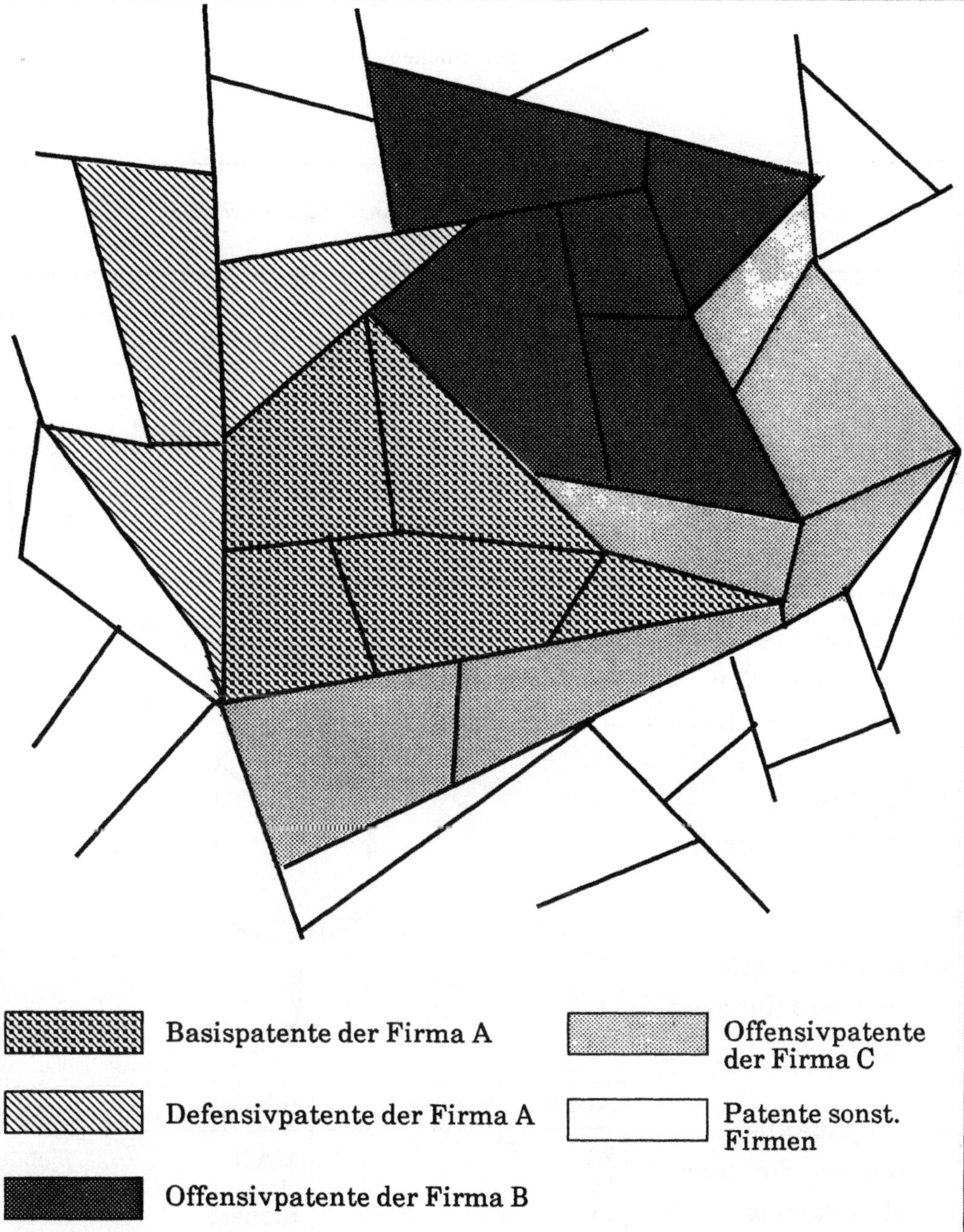

- die Anzahl von in einem Technologiebereich angemeldeten Patenten
- über einen Zeitraum und
- aufgeteilt nach anmeldenden Personen bzw. Unternehmen

zu recherchieren. Das Vorgehen bei einer solchen Abfrage zeigt Abbildung 3.2.2./2.

Abb. 3.2.2./2 Vorgehen bei der Abfrage zur Analyse der Aktivität in einem Technologiebereich

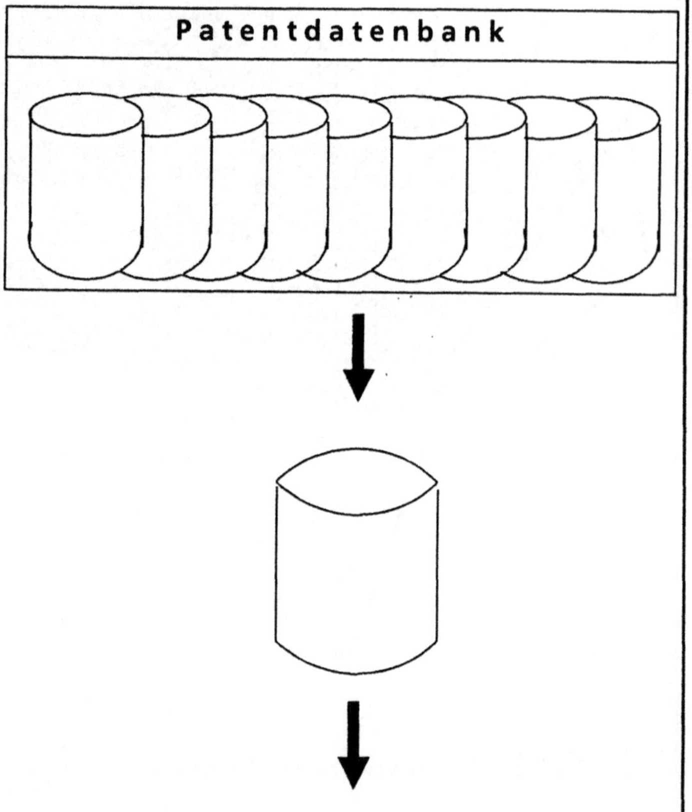

1) Auswahl aller Dokumente des zu analysierenden Technologiebereichs

2) Sortieren der Dokumente nach Jahr

3) Sortieren nach Inhabern (für jedes Jahr)

4) Ausgabe aller Inhaber, die mehr als n Patente angemeldet haben.

Anzahl Patente	Inhaber
28	MAN
16	Hino
11	Elsbett
•	•
•	•

Falls bei der Extraktion der zu analysierenden Patente die Anzahl relativ gering ist und/oder vorher bekannte wichtige Patente nicht enthalten sind, kann die Zahl schrittweise durch Hinzunahme der Klassifikationscodes der am meisten referenzierten Patente erweitert werden (TERRAGNO 84).

Ausgewählt für eine beispielhafte Abfrage wurden Patente über "Direkteinspritzung in Brennkraftmaschinen mit besonders ausgebildetem Brennraum im Kolben zur Verbesserung der Wirkungsweise" für die Jahre vor 1976 und für jedes der darauffolgenden Jahre bis 1986. Abbildung 3.2.2./3 zeigt das Ergebnis nur für die fünf am meisten vertretenen Firmen, wobei jeweils - um einen Glättungsseffekt zu erzielen - zwei Jahre zusammengenommen wurden.

Abb. 3.2.2./3 Patentanmeldungen im Technologiebereich "Direkteinspritzung in Brennkraftmaschinen"

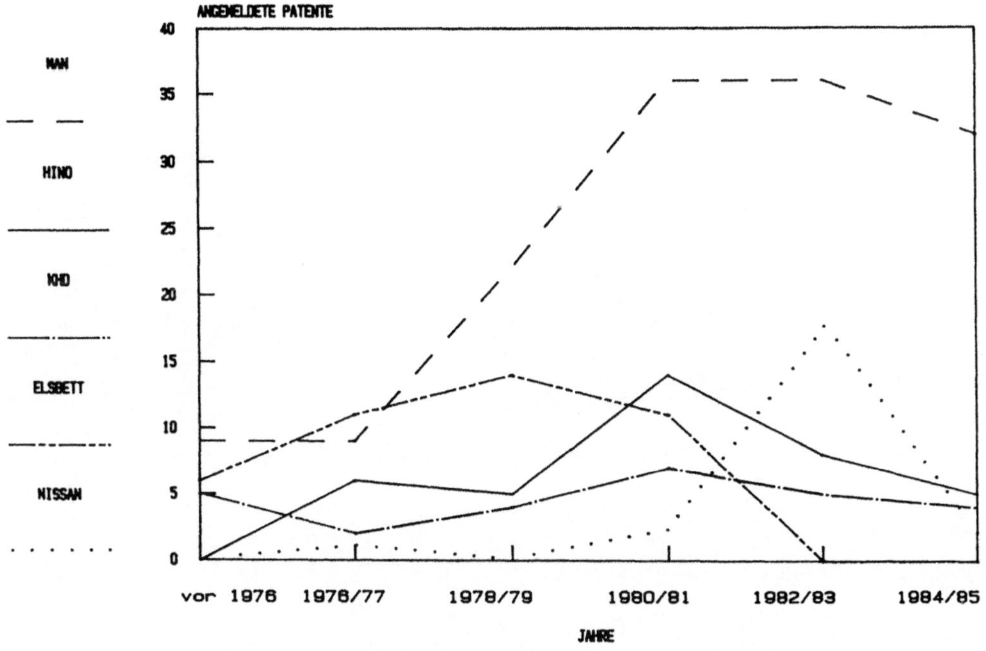

Verwendet wurde für diese Abfrage die Patentdatenbank INPADOC, die mit ca. 10,5 Mio. Dokumenten alle nach 1973 in den Hauptpatentämtern angemeldeten Patente enthält.

Grundsätzlich können solche Abfragen für jeden beliebigen Technologiebereich durchgeführt werden. Es ergeben sich Probleme, wenn

- der Bereich nicht gut abgrenzbar ist (z.B. relevante Patente über mehrere Klassifikationscodes verstreut sind) oder

- die Zahl der Patente im ausgewählten Gebiet zu gering ist und somit statistische Auswertungen nicht sinnvoll sind.

So gelang es nicht, für den Bereich "Bauteile in einem Keramikmotor" eine Teildatenbank zu extrahieren, die zum einen groß genug war und zum anderen den Teilbereich eng genug abgrenzte. Das nicht nur den speziellen Teilbereich enthaltende Extrakt der Datenbank kann jedoch Ausgangspunkt einer Analyse auf intellektueller Ebene sein. In dieser kann überprüft werden, welche branchenfremden Hersteller, die Keramik-Know-how haben, zukünftig u.U. auch Produkte im ausgewählten Teilbereich anbieten werden.

3.3. BEISPIELE ZUM AUFBAU UND ZUR NUTZUNG INTERNER INFORMATIONSBANKEN

3.3.1. KNOW-HOW-DATENBANK

3.3.1.1. ZIELSETZUNG

Schmid hat in Zusammenarbeit mit der Firma FESTO KG, die steuerungs- und regelungstechnische Anwendungen erzeugt und vertreibt, eine Know-how-Datenbank entwickelt (SCHMID 86). FESTO versteht sich dabei nicht in erster Linie als Lieferant von Hardware, sondern als Anbieter einer kundenwunschorientierten Dienstleistung. Jedes Jahr werden eine Vielzahl auf spezielle Kundenbedürfnisse zugeschnittene Problemlösungen (ca. 4000) entwickelt. Das eigentliche Ziel der Know-how-Datenbank ist, im Rahmen der Angebotsabwicklung einen effizienten Zugriff auf bereits geschaffene Lösungen zu ermöglichen und so Doppelentwicklungen und das Abfließen von Know-how durch ausscheidende Mitarbeiter zu verhindern. Die im IR-System (Information-Retrieval-System) enthaltenen Dokumente können jedoch auch zur Deckung strategischer Informationsbedarfe verwendet werden.

3.3.1.2. AUFBAU DER KNOW-HOW-DATENBANK

Die in der Datenbasis abgespeicherten Dokumente beinhalten die an den verschiedensten Stellen im Unternehmen entwickelten Problemlösungen in einheitlicher Gestaltung. Diese werden über Erfassungsmasken am Bildschirm in die Datenbank aufgenommen. Jedes Dokument enthält neben dem die Problemlösung beschreibenden Textteil verschiedene Suchbegriffe, mit denen nach dem Dokument recherchiert werden kann. Suchbegriffskategorien sind z.B. Sachgebiet, Branche, Produktgruppe, Kundenname, Funktion und Objekt. Besonders gekennzeichnet werden sogenannte Negativlösungen, die zwar entwickelt wurden, die sich aber als nicht ausreichend funktionsfähig erwiesen. Durch Angabe von Suchbegriffen in vorformulierten Abfragemasken kann der Anwender auf die Dokumente zugreifen. Die Wahl der Suchbegriffe wird durch Stichwortverzeichnisse zu den einzelnen Suchbegriffskategorien unterstützt.

3.3.1.3. EINSATZ ZUR DECKUNG STRATEGISCHER INFORMATIONSBEDARFE

Das IR-System ist ausgerichtet auf die Informationsbedürfnisse für die Angebotsabwicklung und Erstellung technischer Problemlösungen. Es kann jedoch bei entsprechender Abfrageformulierung auch Stärken-/Schwächen-Analysen des Unternehmens unterstützen und Informationen für Produktentscheidungen im Rahmen der strategischen Planung liefern:

- Bei selten verwendeten Produkten liegt der Verdacht nahe, daß sie bestehenden Bedarfen nicht gerecht werden und es vielleicht angebracht ist, sie aus dem Programm zu nehmen. Große Verwendungshäufigkeiten können ein Indiz dafür sein, die bestehenden Produkte um weitere zu ergänzen.

- Die Anzahl der zu einzelnen Ausprägungen der Kategorien Funktion und Objekt entwickelten Problemlösungen kann Basis für die Analyse von Stärken (d.h. viele Problemlösungen) bzw. Schwächen (d.h. wenige Problemlösungen) des Unternehmens sein.

- Branchen- oder länderbezogene Auswertungen von Produkten, die Unterschiede in der Verteilung von Problemlösungen aufzeigen, geben Hinweise, in welchen Märkten besondere Anstrengungen gute Erfolgsaussichten haben. Wurden beispielsweise in einem Land besonders viele Problemlösungen der Nahrungsmittelindustrie entwickelt, so könnte auch in anderen Ländern ähnlicher Struktur ein größerer Umsatz derartiger Problemlösungen möglich sein.

- Steigt die Zahl von Negativlösungen in einem Bereich stark an, so ist zu überprüfen, ob die verwendete Technologie überholt ist und ob beispielsweise von pneumatischen zu elektronischen Steuerungssystemen übergegangen werden sollte.

3.3.2. TECHNOLOGIEDATENBANK

3.3.2.1. ZIELSETZUNG

Von der Idee her ähnelt die Technologiedatenbank (TDB) der Know-how-Datenbank. Während jedoch bei der Know-how-Datenbank die Deckung strategischer Informationsbedarfe als ein Nebenprodukt entstand, wurde die TDB speziell für die Deckung strategischer Informationsbedarfe im Rahmen eines Technologiemanagements konzipiert. Die TDB wurde in Zusammenarbeit mit dem Krupp-Forschungsinstitut (KFI) entwickelt und dient dort als Vorstufe zu Portfolio-Analysen. Das KFI löst Aufgaben der angewandten Forschung, die zukunftsorientiert zur technischen Innovation des Krupp-Konzerns beitragen.

Die TDB verschafft in strukturierter Form einen Überblick über alle im KFI verfolgten Technologien sowie über die zugehörigen Konkurrenz-Technologien, Sub-Technologien, F&E-Vorhaben und die in einzelnen Bereichen tätigen Wettbewerber.

Datenbankabfragen können anhand von vorformulierten standardisierten oder durch individuelle Abfragen getätigt werden. Basis der TDB sind vorhandene umfangreiche und bisher nur schwer handhabbare Informationen.

Die wesentlichen internen Informationsquellen sind:

- der Technologieatlas, eine systematische Auflistung aller im Krupp-Konzern verfolgten Technologien,
- Untersuchungsberichte zu einzelnen Technologien und F&E-Vorhaben,
- Informationen der Stabsabteilung Unternehmensplanung und
- nicht schriftlich niedergelegtes Know-how der Mitarbeiter.

Die wesentlichen externen Informationsquellen sind:

- Fachbücher und -zeitschriften,
- Tagungsberichte sowie
- externe Datenbanken.

Die TDB wurde zunächst in Form eines Prototypen auf einem IBM-AT mit dem relationalen Datenbanksystem dBASE III realisiert (BONHAG 86). Nach Abschluß einer Testphase des Prototypen wird die Datenbank in überarbeiteter Form mit Hilfe eines Großrechner-Datenbanksystems (DM (Data Management) von Battelle), das neben relationalen Funktionen auch eine IR-Komponente enthält, implementiert (PODSCHADEL 87).

3.3.2.2. AUFBAU DER TECHNOLOGIEDATENBANK

3.3.2.2.1. DOKUMENTSTRUKTUR

Alle in die TDB aufzunehmenden Daten werden in ein einheitliches Technologieumfeld (vgl. Abbildung 3.3.2.2.1./1) eingeordnet. Der Aufbau dieses Technologieumfelds entspricht der Struktur der Datenbank.

Abb. 3.3.2.2.1./1	Struktur der Datenbank TDB

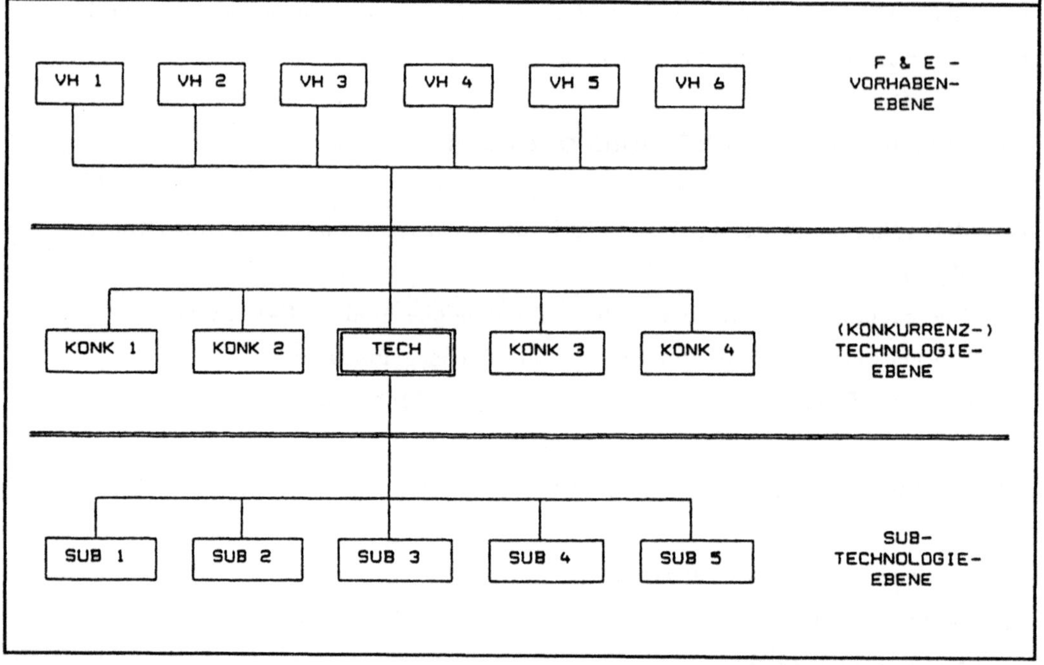

In der Technologie-Ebene werden Informationen über die vom KFI verfolgten Technologien und die zugehörigen Konkurrenztechnologien erfaßt. Das Wissen über Konkurrenztechnologien dient als Basis zur Abschätzung der Leistungsfähigkeit der im KFI verfolgten im Vergleich zu alternativen Technologien. Neben den die Technologie kennzeichnenden Informationen, wie z.B.

- einer Kurzbeschreibung,
- physikalisch-technischer Leistungskenngrößen und
- einer Einschätzung der Weiterentwicklungsmöglichkeiten der Technologie,

werden auch Informationen

- zu bereits bestehenden Produktanwendungen der Technologie,
- über Technologie- und Produktwettbewerber sowie
- Forschungseinrichtungen gespeichert.

Die Beherrschung der Sub-Technologien ist Voraussetzung für die erfolgreiche Anwendung der Technologie. Sub-Technologien können z.B. physikalische oder chemische Grundlagen, Werkstoffe und Bauteile oder Herstellungsverfahren sein. Der Dokumentaufbau der Sub-Technologie-Ebene entspricht dem der Technologie-Ebene in verkürzter Form. Informationen über Projekte, die das KFI auf Basis der Technologien aus eigener Initiative oder in Form von Auftragsforschung für andere Konzernunternehmen durchführt, werden in Dokumenten, die der Technologie-Ebene zugeordnet sind, vorgehalten.

Abbildung 3.3.2.2.1./2 zeigt beispielhaft das Technologieumfeld für Faserverbundwerkstoffe.

Abb. 3.3.2.2.1./2	Technologie-Umfeld "Faserverbundwerkstoffe"

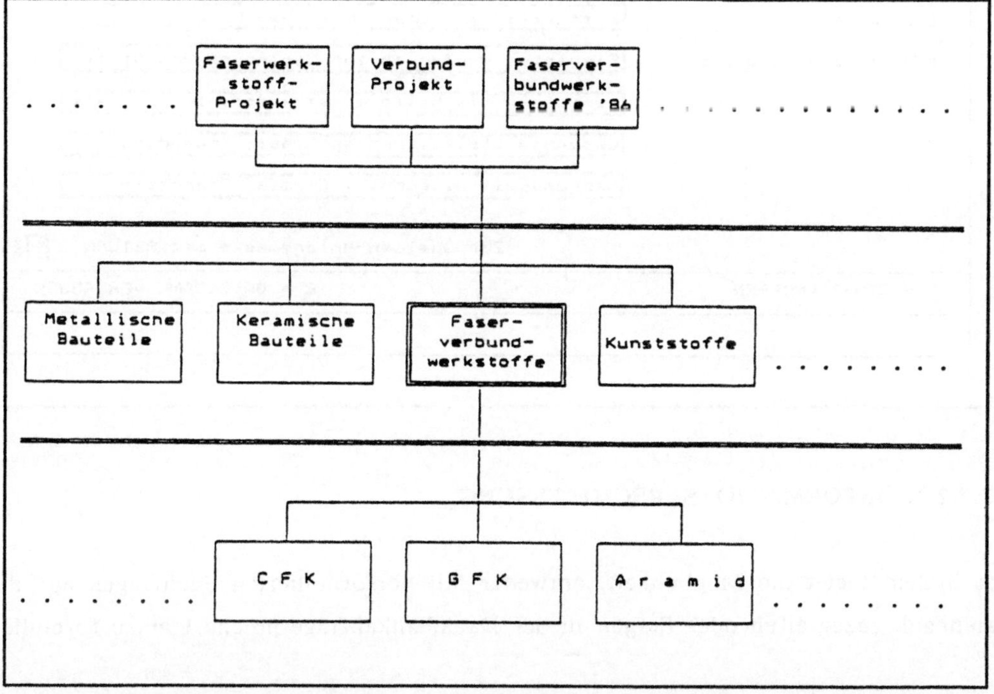

3.3.2.2.2. INFORMATIONSSAMMLUNG UND -ERFASSUNG

Zur Sammlung der Informationen über die zu betrachtenden Technologien sowie über die zugehörigen Sub-Technologien und F&E-Vorhaben dienen sogenannte "Erhebungsblätter". Die Informationssammlung erfolgt dezentral an den Stellen, wo die Informationen vorliegen.

Im nächsten Schritt werden die Daten der Erhebungsblätter mit analog aufgebauten Dokument-Anlagemasken (vgl. Abbildung 3.3.2.2.2./1) zentral erfaßt und in der Datenbank abgespeichert. Für jede in die Datenbank aufgenommene Information wird auch die Quelle dieser Information festgehalten, um Zugriff auf weitere Daten oder Rücksprachen bei den Informationslieferanten zu ermöglichen. Über gleichartig aufgebaute Masken erfolgt die Änderung von Dokumenten.

Abb. 3.3.2.2.2./1	Beispiel einer Dokument-Anlagemaske

```
TDB !          A N L A G E M A S K E  1          ! TECHNOLOGIE-DOKUMENT ANLEGEN
-------------------------------------------------------------------------------
                              Dokument-Nummer : [20000]
1. Technologie

1.1. Name                   : [Extraktion mit überkritischen Gasen          ]

1.2. Kurzbeschreibung       : [Elegantes Verfahren zur Zerlegung von Stoff- ]
                              [gemischen mit Hilfe eines komprimierten, als ]
                              [Lösungsmittel dienenden Gases; Anwendung:    ]
                              [Nahrungsmitteltechnik, Chemie, Pharmazie     ]

                        Zur Quellen-Anlagemaske mit RETURN  [<] <-
-------------------------------------------------------------------------------
7 = STWVZ ANSEHEN                                  8 = DATENBANK VERLASSEN
-------------------------------------------------------------------------------
```

3.3.2.2.3. INFORMATIONSERSCHLIESSUNG

Das System bietet die Möglichkeit, entweder mit vorformulierten Suchfragen auf die Datenbank zuzugreifen oder Fragen in der Datenbankabfragesprache frei zu formulieren. Um dem Umstand Rechnung zu tragen, daß die dezentral recherchierenden Personen meist DV-unkundig sind, wurden für wesentliche, voraussehbare Informationsbedarfe Suchfragen vorformuliert. Mit den vorformulierten und auch den freien Suchfragen kann sowohl in einzelnen Dokumenttypen (Technologie-Dokumente, Sub-Technologie-Dokumente) als auch gleichzeitig in verschiedenen Dokumenttypen recherchiert werden.

3.3.2.3. EINSATZ ZUR DECKUNG STRATEGISCHER INFORMATIONSBEDARFE

Bei den im folgenden dargestellten beispielhaften Suchfragen werden aus Vertraulichkeitsgründen "Spieldaten" verwendet. Um Daten über die Leistungsfähigkeit alternativer Technologien zu einer im KFI verfolgten Haupttechnologie zu recherchieren, dient die vorformulierte Suchfrage in Abbildung 3.3.2.3./1. Die Ergebnismaske liefert die Namen der Konkurrenztechnologien und ihre Leistungskennziffern (vgl. Abbildung 3.3.2.3./2). Zu diesen Konkurrenztechnologien können auch die Wettbewerber recherchiert werden, die sich mit dieser Technologie beschäftigen.

Einzelne Forschungsprojekte, die im KFI durchgeführt werden, sind bestimmten Technologien zugeordnet. Diese Technologien haben wiederum verschiedene potentielle und existierende Produktanwendungen. Sowohl auf der Ebene der Entwicklung der Technologie als auch auf der Ebene von Produktanwendungen der Technologie existieren Konkurrenten, die Produkt- und/oder Technologiewettbewerber sein können. Die in Abbildung 3.3.2.3./3 formulierte Suchfrage erlaubt, den Informationsbedarf nach den beiden Typen von Konkurrenten zu formulieren. Das Ergebnis ist eine Auflistung der Technologie- und Produktwettbewerber. (vgl. Abbildung 3.3.2.3./4). Mit dem in den Beispielen geschilderten Vorgehen sind auch Informationen über Marktvolumina von mit der Technologie in Verbindung stehenden Produkten und Weiterentwicklungsmöglichkeiten einer Technologie abfragbar. Es werden z.B. auch Informationen über bestehende Forschungsförderung und darüber, welche Konkurrenten einen Teil dieser Forschungsförderung erhalten, abgespeichert. Stichwortverzeichnisse, die Deskriptorenausprägungen enthalten, erleichtern die Formulierung freier Suchfragen bzw. das Ausfüllen der vorformulierten Suchfragen.

Abb. 3.3.2.3./1	Suchrahmen: Frage nach physikalischen Kenngrößen

```
TDB !    TECHNOLOGIE-SUCHRAHMEN  5      ! TECHNOLOGIE-DOKUMENT RECHERCHIEREN

      S u c h f r a g e  5:

      'Welche Konkurrenz-Technologien zur Technologie

      [Pulvermetallurgie                 ]

      haben als Auspraegung der physikalischen Kenngröße

      [Dichte                  ]

      einen [k]   ('g' = g r ö ß e r e n  / 'k'= k l e i n e r e n) Wert ?'

      (Bitte gewuenschte Begriffe eingeben)
                                                Weiter mit RETURN  [<]

  1 = ZUR SUCHFRAGE-AUSWAHLMASKE          2 = ZUR SUCHFRAGEARTEN-AUSWAHLMASKE
  7 = STWVZ ANSEHEN                       8 = DATENBANK VERLASSEN
```

Abb. 3.3.2.3./2	Ergebnis der Frage nach physikalischen Kenngrößen

```
  TECHNOLOGIE                          AUSPRAEGUNG DER PHYSIKALISCHEN
                                       KENNGROESSE [DICHTE          ]

 [PULVERMETALLURGIE             ]           [8.800] [g/cm³]

  KONKURRENZ-TECHNOLOGIEN

 [Schmieden                     ]           [8.700] [g/cm³]
 [Zerspanen                     ]           [8.600] [g/cm³]




 Weiter mit jeder Taste ...
```

Abb. 3.3.2.3./3	Suchrahmen: Frage nach Technologie- und Produkt-Wettbewerbern

TDB ! TECHNOLOGIE-SUCHRAHMEN 2 ! TECHNOLOGIE-DOKUMENT RECHERCHIEREN

S u c h f r a g e 2:

'Sie verfolgen des F&E-Vorhaben

Extraktionsprojekt .

[x] Welche TECHNOLOGIE-Wettbewerber | [x] Welche PRODUKT-HAUPT-Wettbewerber

gibt es zur zugrundeliegenden T e c h n o l o g i e ?'
(Waehlen Sie durch Eingabe von 'x')

Weiter mit RETURN [<]

1 = ZUR SUCHFRAGE-AUSWAHLMASKE
7 = STWVZ ANSEHEN
2 = ZUR SUCHFRAGEARTEN-AUSWAHLMASKE
8 = DATENBANK VERLASSEN

Abb. 3.3.2.3./4	Ergebnis der Frage nach Technologie- und Produkt-Wettbewerbern

ZUR TECHNOLOGIE EXTRAKTION MIT ÜBERKRITISCHEN GASEN ,
AUF DER DAS F&E-VORHABEN EXTRAKTIONSPROJEKT
BERUHT, GIBT ES FOLGENDE

-) TECHNOLOGIE-WETTBEWERBER:

Siemens
Thyssen
Bayer

-) PRODUKT-HAUPTWETTBEWERBER:

BASF
Bayer
Exxon
Henkel
Michelin
Shell
Siemens
Thyssen

Weiter mit jeder Taste ...

3.4. NUTZEN-KOSTEN-ÜBERLEGUNGEN ZUR VERWENDUNG INTERNER VS. EXTERNER INFORMATIONSBANKEN

Die Kosten interner und externer Informationsbanken lassen sich relativ einfach ermitteln. Die Nutzen sind dagegen nur schwer quantifizierbar.

Bei der Abfrage externer Informationsbanken sind die wesentlichen Kosteneinflußfaktoren:

- außerhalb des Unternehmens anfallende Kosten der Abfragen

  -- Verbindungsgebühr zur Datenbank,
  -- Anzeigegebühr pro Dokument,
  -- DFÜ-Kosten,

- innerhalb des Unternehmens anfalllende Kosten

  -- DFÜ-fähiger Arbeitsplatz,
  -- Kosten für den Recherchespezialisten.

Bei den in Abschnitt 3.2. skizzierten Abfragen fielen etwa 1.500 DM für die Abfrage von Marktinformationen an und nur etwa 200 DM für die Patentdatenbankabfragen. Dies ist in erster Linie darauf zurückzuführen, daß bei der Abfrage von Marktinformationen sehr viele Dokumente angezeigt wurden, während bei der Patentdatenbankabfrage nur eine statistische Auszählung vorhandener Patente vorgenommen wurde.

Beim Aufbau und der Pflege einer internen Datenbank sind die wesentlichen Einflußgrößen:

- direkt zurechenbaren Kosten

  -- Systemaufbaukosten (Design, Programmierung etc.),
  -- Dokumenterfassung,
  -- Pflegekosten (der Dokumente und des Systems),

- nicht direkt zurechenbare Kosten

  -- anteilige Kosten für das IR-/DB-System,
  -- anteilige Hardwarekosten.

Neben den Kosten für den Aufbau des Systems, der bei der Realisierung der TDB ca. acht Mannmonate erforderte, sind die Dokumenterfassungs- und Pflegekosten die entscheidende Größe. Für die Aufbereitung der Informationen zur Erfassung der relativ komplizierten TDB-Dokumente sind 200 bis 500 DM je Dokument zu veranschlagen. Es ist allerdings anzumerken, daß diese Informationen selbst dann gesammelt werden müssen, wenn die Verarbeitung manuell und nicht mit Hilfe einer Datenbank erfolgt.

Nutzen externer Informationsbanken sind insbesondere:

- einfacher und schneller Zugriff und
- die Auswertung einer Vielzahl von Informationsquellen aus verschiedenen Wissensbereichen.

Hauptnutzen interner Informationsbanken sind:

- Strukturierung vorhandener Informationen,
- gezielte und schnelle Informationsaufbereitung für Entscheidungsprozesse,
- Berücksichtigung spezifischer Informationsbedarfe,
- Möglichkeit zur Einspeicherung auch sensitiver Informationen und
- verringerter Wissensabfluß beim Ausscheiden von Know-how-Trägern.

Wegen der hohen Aufbau- und Pflegekosten einer internen Informationsbank sollte dieser Weg nur eingeschlagen werden, wenn

- es sich um die Verwaltung nicht-öffentlich zugänglicher sensitiver Informationen handelt,
- das Datenvolumen nicht sehr umfangreich ist oder aus vorhandenen Datenbeständen maschinell übernommen wird, wie dies beim Downloading externer Informationsbanken der Fall ist,
- die Informationen relativ häufig genutzt werden,
- die Informationen anders nur mit großem Aufwand verwaltet bzw. die Informationsbedarfe manuell nicht befriedigt werden können und

- die in die Datenbank einzuspeichernden Informationen auch gesammelt und aufbereitet werden müssen, wenn kein Informationssystem zur Verfügung steht.

3.5. LITERATUR ZU KAPITEL 3

ASHTON, u.a. 83	Ashton, W., Campbell, R., Levine, L., Patent Analysis as a Technology Forecasting Tool, Fall Conference of the Chemical Marketing Research Association, Atlantic City 1983.
BONHAG, 86	Bonhag, W., Konzeption einer Technologiedatenbank für das Krupp-Forschungsinstitut, Diplomarbeit, Nürnberg 1986.
CAMPBELL/NIEVES 79	Campbell, R., Nieves, A., Technology Indicators Based on Patent Data: The Case of Catalytic Converters, Arbeitsbericht der Battelle Pacific Northwest Laboratories, Richmond 1979.
FENDT 83	Fendt, H., Strategische Patentanalyse - Blick in die Zukunft, Wirtschaftswoche 37 (1983) 29, S. 40 ff.
GFK o.J.	GfK (Hrsg.), Broschüre zu INMARKT, o.O., o.J.
HEINZELBECKER 83	Heinzelbecker, K., Aufbau und Implementierung eines Planungs- und Informationssystems für das Marketing in der Investitionsgüterindustrie (POM), Forschungsbericht des Bundesministeriums für Forschung und Technologie Nr. ID 83-005, Bonn 1983.
HENNEMANN-BÖCKELS 83/84	Hennemann-Böckels, B., Umgang mit Datenbanken (Serie), Blick durch die Wirtschaft vom 22. 8. 1983 bis 15. 2. 1984.
PODSCHADEL 87	Podschadel, J., Auswahl und Einsatz von IR/DB-Systemen für das Technologiemanagement in einem industriellen Forschungsinstitut, Diplomarbeit in Vorbereitung, Nürnberg 1987.
QUESTEL 86	Questel (Hrsg.), Questel Actualities, April 1986, Nr. 37, S. 3.
REMINGER 84	Reminger, B., Nutzung externer Informationsbanken für die strategische Unternehmensplanung, Diplomarbeit, Nürnberg 1984.

SCHMID 86 Schmid, R., Idee und Detailkonzept einer Know-how-Datenbank für international operierende Industriebetriebe, dargestellt an einem Unternehmen des Maschinen- und Apparatebaus, Dissertation, Nürnberg 1986.

TERRAGNO 84 Terragno, P., The GET-COMMAND: A Powerful New Patent Searching-Tool from PERGAMON Info Line, World Patent Information 6 (1984) 2, S. 69 ff.

4. INFORMATIONSAUFBEREITUNG ZUR UNTERSTÜTZUNG STRATEGISCHER ENTSCHEIDUNGEN

4.1. UNTERNEHMENSMODELLE ZUR ANALYSE DER AUSWIRKUNGEN VON ENTSCHEIDUNGEN

4.1.1. ÜBERBLICK

Unternehmensmodelle gehören zu den am weitesten verbreiteten Hilfsmitteln einer DV-gestützten Unternehmensplanung. Sie bilden das ganze Unternehmen oder Teilbereiche ab und erlauben, Sensitivitätsanalysen durch Veränderung von Parametern durchzuführen. Systeme, mit deren Hilfe die Auswirkungen von Maßnahmen oder Umweltveränderungen überprüft werden können, sind wesentlich verbreiteter als solche, deren Ziel die Identifizierung eines Optimums ist (MERTENS/GRIESE 84). Ihr Einsatz im Rahmen einer strategischen Planung ist dort sinnvoll, wo sie sich mit der Auswahl von Alternativstrategien beschäftigt. Nach ihrer formalen Gestaltung spielen die deterministischen gegenüber den stochastischen Unternehmensmodellen die größere Rolle (NAYLOR/SCHAULAND 76). Bei den stochastischen Modellen werden in Simulationen Ergebnisse mit Zufallszahlen generiert. Deterministische Modelle stellen sich meist in Form von Gleichungssystemen dar. Insbesondere bei Modellen, die die Finanzsphäre des Unternehmens zum Inhalt haben, herrschen definitorische Gleichungen vor (HANSSMANN 82). Verhaltensgleichungen, die z.B. Annahmen über das Verhalten von Individuen oder Institutionen formulieren, finden sich vorwiegend in marktorientierten Modellen.

Der Aufbau von Unternehmensmodellen unterschiedlichen Typs ist durch die Entwicklung von Programmiersprachen der 4. Generation wesentlich vereinfacht worden. In den 70er Jahren dominierten in Sprachen der 3. Generation geschriebene Modelle, deren Entwicklung und insbesondere Veränderung mit hohem Aufwand verbunden waren. Durch den Einsatz von Planungssprachen ist es heute möglich, die Modelle den sich erst im Entscheidungsprozeß ergebenden Änderungen flexibel anzupassen. Außerdem bieten sie Funktionen - wie Risikoanalyse und Reporterstellung - die den Einsatz der Modelle unterstützen. Allein der Programmieraufwand verringert sich bei Verwendung von Planungssprachen gegenüber Sprachen der 3. Generation um 75 % (BUCHINGER 79). Durch die verkürzte Entwicklungszeit ist ein wirtschaftlicher Einsatz von Unternehmensmodellen bereits erreicht, wenn nur eine geringe Zahl von Varianten gerechnet wird. Der vereinfachte Aufbau der Modelle erlaubt, für spezielle Entscheidungen ein Modell zu erstellen, welches nach der Entscheidung nicht wieder eingesetzt wird (vgl. hierzu Abschnitt 4.1.3.).

4.1.2. BEISPIELE

Aus der Vielzahl der vorhandenen Unternehmensmodelle sollen im folgenden nur einige wenige skizziert werden, die sich durch spezifische Eigenheiten auszeichnen. Das Ende der 70er Jahre entwickelte Konzernmodell der ÖIAG (Österreichische Industrieverwaltungs-Aktiengesellschaft) ist wohl eines der umfassendsten Unternehmensmodelle im deutschsprachigen Raum. Ähnlich weitreichend war das CIBA-GEIGY-Modell (ROSENKRANZ 79), welches jedoch inzwischen nicht mehr genutzt wird.

Das ÖIAG-Modell wird zur laufenden Analyse und Beurteilung industrieller Großprojekte sowie für Grundsatzfragen der Investitions-, Beteiligungs-, Finanzierungs- und Bilanzpolitik eingesetzt (MERTENS/GRIESE 84, BUCHINGER 79). Die Hauptkomponenten des Systems sind Betriebs-, Anlagen- und Anleihenmodelle, welche in einem Bilanzmodell konsolidiert oder auch einzeln verwendet werden können (vgl. Abbildung 4.1.2./1). Die Betriebsmodelle errechnen die ausgabenwirksamen Kosten, die Bestände, Verbindlichkeiten und Forderungen bis zum Planungshorizont. Die wesentlichen Eingabedaten sind das angestrebte Produktprogramm, die verfahrenstechnische Auslegung der Teilbereiche mit ihren wechselseitigen Leistungsverflechtungen, die Preisniveaus und ihre Steigerungsraten. Auf dieser Basis werden notwendige Faktoreinsatzmengen und sich ergebende Entwicklungen der Betriebskosten, Erlöse und Vorräte berechnet.

Das Anlagenmodell ermittelt die unmittelbaren Auswirkungen des Investitions-, Abschreibungs- und Desinvestitionsverhaltens auf die Entwicklung von Bilanz und Gewinn- und Verlustrechnung.

Das Anleihenmodell hat die Aufgabe, Auswirkungen des langfristigen Fremdfinanzierungsverhaltens und der Kreditbedingungen auf die Bilanz und GuV zu errechnen.

Das Bilanzmodell, welches auf die Daten der anderen Modelle zurückgreift, ermittelt unter den getroffenen Annahmen die zu erwartende mittel- bis langfristige Entwicklung der Bilanz, Erfolgs- und Mittelflußrechnung sowie wichtige Kennzahlen (wie z.B. Eigenkapitalrentabilität).

Abb. 4.1.2./1	Grobstruktur des ÖIAG-Unternehmensmodells (BUCHINGER 79, S. 16)

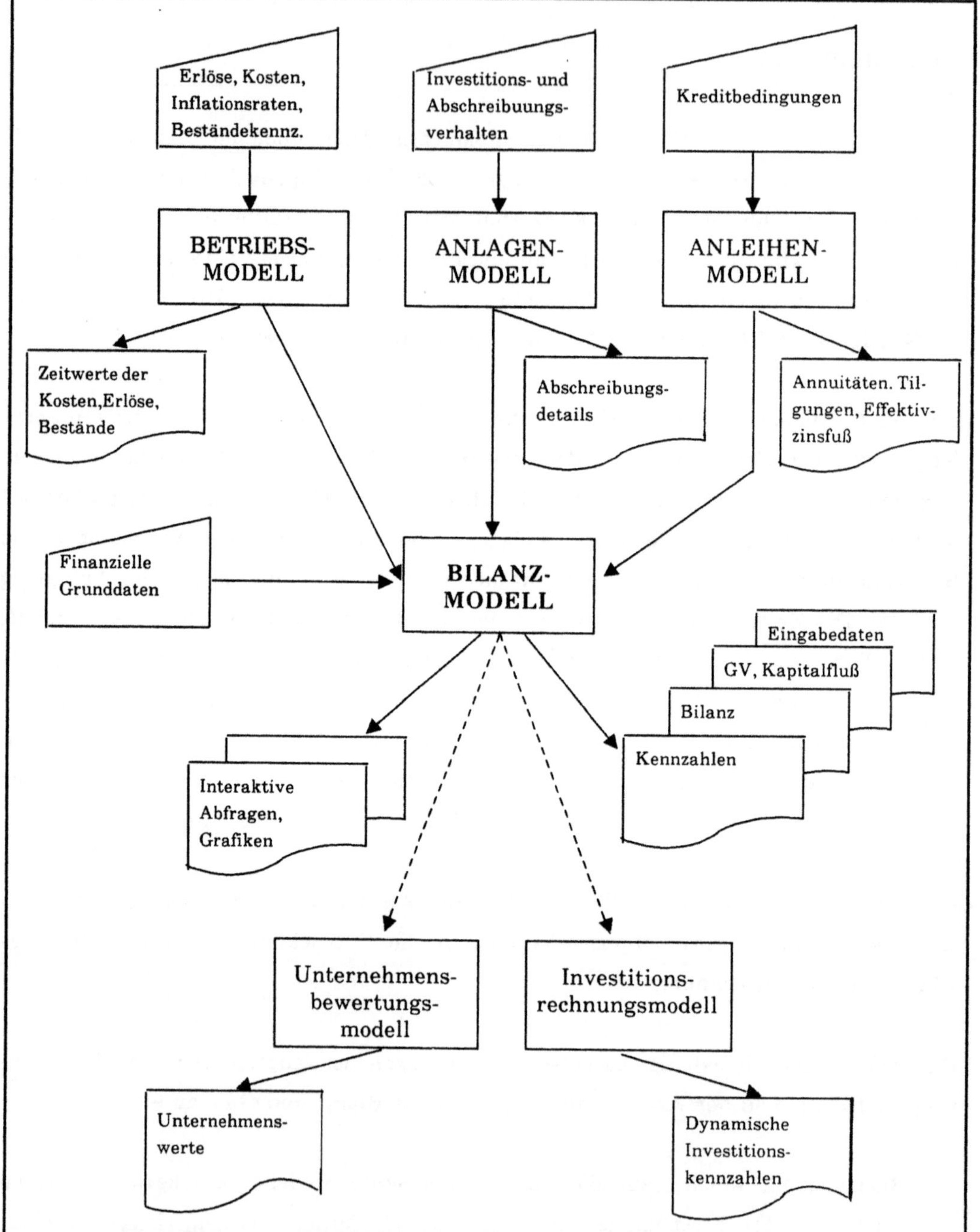

Zusätzlich angefügt an die beschriebenen Teilmodelle sind ein Unternehmensbewertungs- und ein Investitionsrechnungsmodell. Das Unternehmensbewertungsmodell berechnet aus Bilanzen, die unter Umständen durch das Bilanzmodell erstellt wurden, und Unternehmensergebnissen auf Basis verschiedener in der Praxis angewandter Bewertungsverfahren Unternehmenswerte. Es kann so aufzeigen, welche Einflüsse unterschiedliche Strategien auf den Wert des eigenen Unternehmens haben oder die Evaluierung von zu akquirierenden Unternehmen unterstützen. Das Investitionsrechnungsmodell erlaubt die Analyse einzelner, aber insbesondere auch des Verbunds verschiedener interdependenter Investitionsprojekte.

Das Modell von Hamilton und Moses (HAMILTON/MOSES 81) hat sein Schwergewicht ebenso im Finanzierungs- und Investitionsbereich. Es beinhaltet daher auch in erster Linie Definitionsgleichungen. Der Detaillierungsgrad der Eingabedaten geht über die Bilanz und GuV der etwa 50 Niederlassungen des Unternehmens nicht hinaus. Insofern ist es weniger detailliert als die Betriebsmodelle des ÖIAG-Systems. Im Gegensatz zum vorher beschriebenen Modell enthält es eine Optimierungskomponente (Ziel: Gewinn pro Aktie), deren Stärke die Autoren in der simultanen Betrachtung von Finanzierungs- und Investitionsentscheidungen sehen.

Der Ansatz von Felzmann (FELZMANN 82) wurde mit dem Ziel entwickelt, die Portfolio-Idee in ein computergestütztes Planungsmodell zu integrieren. Das Schwergewicht liegt auf der Abbildung der strategischen Geschäftseinheiten (SGE) eines Unternehmens. Diese sind noch weiter in einzelne Marktsegmente bearbeitende Bereiche untergliedert. Das System ist unter diesem Aspekt wesentlich detaillierter als die vorher dargestellten Beispiele. Dagegen wird der Finanzierungsbereich nur in Ansätzen einbezogen. Beim Einsatz des Modells erfolgt zunächst eine Vorauswahl möglicher Strategien auf SGE-Ebene. Von den verbleibenden Strategien werden dann die aus der Sicht des Gesamtunternehmens geeignetsten Kombinationen mittels Optimierung einer vorgegebenen Zielfunktion (z.B. Kapitalwert der Nettogewinne) oder Simulation verschiedener Alternativen ausgewählt (vgl. Abbildung 4.1.2./2).

Abb. 4.1.2./2	Der Strategieauswahlprozeß im Modell von Felzmann (FELZMANN 82, S. 54)

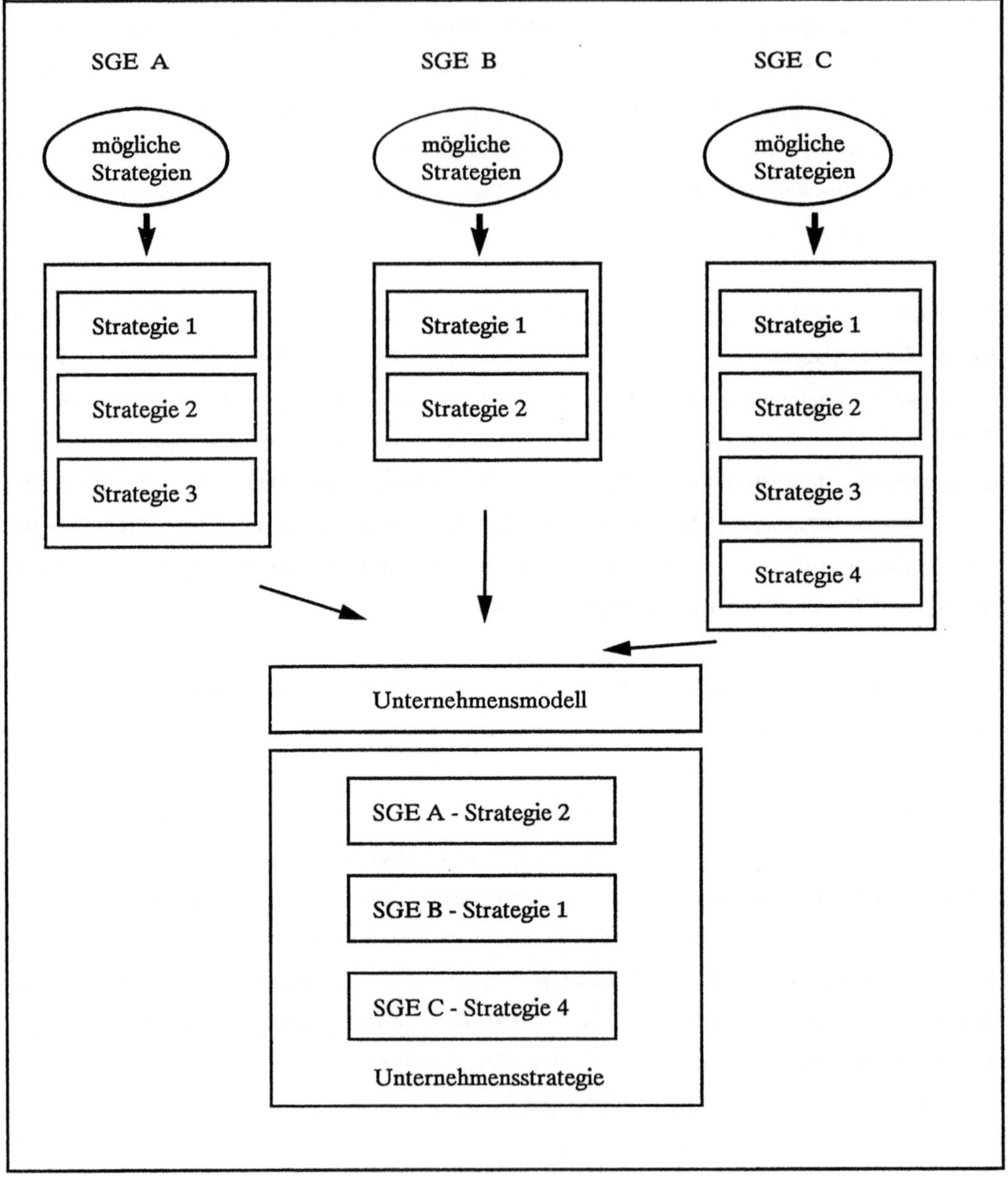

In beiden Stufen können verschiedene Szenarien durch Variation umweltabhängiger Eingangsgrößen (z.B. Preisniveau, Wachstumsraten usw.) berücksichtigt werden. Das zusammen mit der Fichtel & Sachs AG entwickelte Modell wurde jedoch nie in der

Praxis eingesetzt. Als einer der Hauptgründe für den Projektabbruch erscheint der hohe Datenaufwand (ca. 30.000 Eingabedaten) für den Einsatz des Modells. Das ursprünglich mit FORTRAN verwirklichte Konzept von Felzmann wurde modifiziert und erweitert und mit Hilfe einer modernen Planungssprache (FCS-EPS) abgebildet (CORNELIUS/SCHMITT 84). Es zeigte sich, daß dieses Vorgehen hohe Flexibilität bei der Modellierung der Logik, umfangreiche Sensitivitäts- und Risikoanalysen sowie erhebliche Vorteile bei der Report- und Plott-Erstellung bietet.

Wie das Modell von Felzmann versucht auch STRATPORT (Strategic Portfolio Planning) Größen wie Marktanteil und die Erfahrungskurven-, Lebenszyklus- und Portfolio-Überlegungen in ein quantitatives System zu integrieren (LARRÉCHÉ/-SRINIVASAN 81/82). Die starke Anlehnung an das Konzept der Boston Consulting Group schwächt die Anwendbarkeit von STRATPORT auf solche Bereiche ein, in denen die Annahmen des Erfahrungskurvenkonzeptes gelten. Auf der Ebene der SGE ist es wesentlich weniger detailliert und erfordert deshalb auch einen geringeren Datenaufwand als der Ansatz von Felzmann. Das Schwergewicht liegt auf der Modellierung von Auswirkungen verschiedener Marketing-Strategien auf die finanzielle Lage des Gesamtunternehmens. Abbildung 4.1.2./3 zeigt die wesentlichen funktionalen Beziehungen.

Das Abschätzen der in diesem Modell zentralen Marktreaktionsfunktion folgt dem von Little (LITTLE 71) vorgeschlagenen Decision-calculus-Ansatz. Es wird hierdurch eine Integration subjektiver Einschätzungen in das System erreicht. Das Modell, das als eine besonders weit entwickelte Form von Unternehmensmodellen, welche auch das Marktverhalten mit einbeziehen, gelten kann (FUMAS 85), wurde allerdings nach Aussagen von Srinivasan weder in einer industriellen noch in einer universitären Umgebung je eingesetzt. Ein Grund ist sicherlich auch darin zu suchen, daß die Validierung der funktionalen Beziehungen (vgl. auch ROSENKRANZ 79, S. 454 f.) schwer möglich ist und dies Akzeptanzprobleme verursacht.

Abb. 4.1.2./3	Funktionale Beziehungen in STRATPORT (MERTENS/PLATTFAUT 85, S. 22)

1. Investitionen in Marketing-Maßnahmen - Marktanteil

   Es wird in Anlehnung an das Modell von Little eine S-förmige Marktreaktionsfunktion benutzt.

---

2. Ausgaben zur Erhaltung des Marktanteils - Marktanteil

   Diese Funktion zeigt, welche laufenden Ausgaben voraussichtlich erforderlich sind, um den durch die Planungsmaßnahmen eroberten Marktanteil langfristig zu verteidigen. Diese Ausgaben werden als Prozentsatz des Umsatzes angegeben. Im allgemeinen wird angenommen, daß der Prozentsatz zurückgeht, wenn der Marktanteil größer wird.

---

3. Investitionen zur Kapazitätserweiterung - Kapazität

   Es kann berücksichtigt werden, daß zusätzliche Kapazitätseinheiten unterschiedlich aufwendig sind, abhängig davon, ob man von einem niedrigen, einem mittleren oder einem hohen Niveau ausgeht.

---

4. Working-capital - Umsatz

   Im allgemeinen wird ein degressiver Verlauf des Working-capital über dem Umsatz angenommen.

---

5. Stückkosten - Kumulative Produktion

   Diese Funktion berücksichtigt, daß mit zunehmender Produktion Rationalisierungsmöglichkeiten aufgefunden werden, die zu allmählich fallenden Stückkosten führen (Erfahrungskurve).

---

6. Preis - Kumulative Produktion

   Ähnlich wie bei der fünften Funktion wird auch hinsichtlich der Preise angenommen, daß sie (aufgrund der Erfahrungskurve) mit wachsender Produktion in der Branche fallen und damit den Kostensenkungen folgen.

4.1.3. EXKURS: UNTERSTÜTZUNG EINER PRODUKTLINIENENTSCHEIDUNG

In Zusammenarbeit mit der MAN AG wurde für das Werk Nürnberg ein Unternehmensmodell aufgebaut (SCHWANDNER 85). In der ersten Phase wurden top-down die Produktbereiche des Werks Nürnberg als Ganzes abgebildet (vgl. Abbildung 4.1.3./1, die aus Vertraulichkeitsgründen anonymisiert und vereinfacht wurde). Ziel war, die Einflußfaktoren des Ergebnisses der MAN zu analysieren und Informationen über Kapazitätsauslastung, Geschäftsverlauf und betriebswirtschaftliche Kennzahlen bereitzustellen. In einer zweiten Phase galt es, Informationen zur Unterstützung einer Produktlinien-Entscheidung innerhalb eines Produktbereiches (im folgenden "A" genannt) aufzubereiten. Insbesondere waren zwei Fragen zu klären:

1. Welche Auswirkung auf das Ergebnis hat die Verringerung des Anteils der Linie A6 beispielsweise zugunsten der Linie A5?

2. Wie beeinflußt die Erhöhung des Beschäftigungsgrades das Ergebnis bei unterschiedlichen Produktionsprogrammen?

Abb. 4.1.3./1 Produktbereiche und Produktlinien der MAN Nürnberg (vereinfacht)

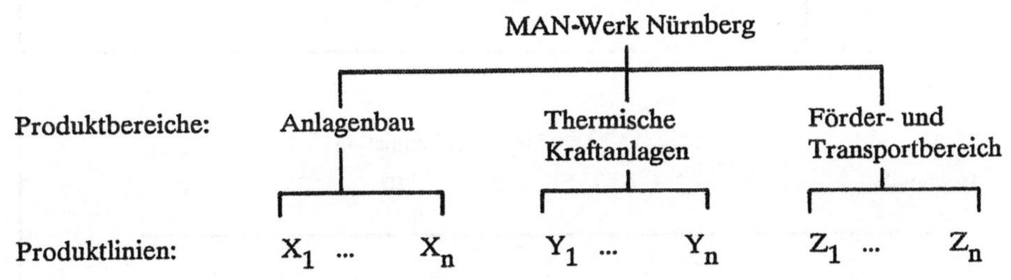

Die Beantwortung der Fragen diente der Vorbereitung der Entscheidung, ob eine Produktlinie aufgegeben und ob unter der Annahme eines bestimmten Auftragsspektrums und des daraus resultierenden Auslastungsgrads eine Erweiterung des gesamten Produktbereichs vorgenommen werden sollte. Hierzu wurden verschiedene Simulationen unter Berücksichtigung des zu erwartenden Auftragsbestands und alternativer Auslastungsgrade durchgeführt. Abbildung 4.1.3./2 zeigt die Struktur der Eingabedaten, Abbildung 4.1.3./3 einen Ausschnitt der vorgenommenen Simulationen und Abbildung 4.1.3./4 einen Ausschitt des FCS-EPS-Programms.

Abb. 4.1.3./2 Eingabedaten für die Simulationen der Phase 2

Eingabedaten

für die Produktbereiche

- Lohn bei Normalbeschäftigung
- Lohn bei angenommener Beschäftigung
- Gemeinkosten bei Normalbeschäftigung, aufgeteilt nach Kostenarten sowie nach fixen und variablen Anteilen
- Außerordentliche Posten

für die Produktlinien

- %-Anteil an der Lohnsumme
- Verrechnungsergebnis

und

- Kostenstruktur als %-Anteile an den Verrechnungskosten

Abb. 4.1.3./3 Ausschnitt der vorgenommenen Simulationen

	Anteil in % bei Simulation				
Produktlinie	I	II	III	IV	V
A1	10	10	10	6	7
A2	21	21	21	14	16,3
A3	31	31	31	20	23,2
A4	16	16	16	11	12,8
A5	0	12	22	14	16,3
A6	22	10	0	14	0
A7	0	0	0	11	12,8
A8	0	0	0	10	11,6

Abb. 4.1.3./4	Ausschnitt aus dem FCS-EPS-Programm zur Unterstützung der Produktlinienentscheidung

```
349 ...
350 ... Absolutanteile der Produktlinien an den Gemeinkosten
351 ... bei Normalbeschäftigung
352 ...
355 'GK Material' = (20 + 25) at 85
360 'GK Fertigung' = (30 + 35) at 85
365 'GK KV' = (40 + 45) at 85
370 'GK Zins' = (50 + 55) at 85
375 'GK Wagnis' = (60 + 65) at 85
379 ...
380 ... Absolutanteile der Produktlinien an den Gemeinkosten
381 ... bei angenommener Beschäftigung
382 ...
385 'GK Material' = 175 at 85
390 'GK Fertigung' = 180 at 85
395 'GK KV' = 185 at 85
400 'GK Zins' = 190 at 85
405 'GK Wagnis' = 195 at 85
409 ...
410 ... Gemeinkostendecke und Fabrikationsergebnis bei
411 ... Normalbeschaftigung
412 ...
415 'Material' = 220 - 355
420 'Fertigung' = 230 - 360
425 'KV' =  240 - 365
430 'Zins' = 250 - 370
435 'Wagnis' = 260 - 375
440 'GK-Decke' = 415 sum 435
445 'Fabrikationsergebnis' = 265 + 440
446 'Außerordentliche Posten' = 70 at 85
447 'Wirtschaftliches Ergebnis' = 445 + 446
449 ...
```

Durch die Simulationen konnte ermittelt werden,

- wie weit sich das Ergebnis bei Verringerung des Anteils einer Produktlinie am Produktprogramm zugunsten einer anderen verbessert und

- wie stark eine Erhöhung des Beschäftigungsgrades das bisher negative Ergebnis positiv beeinflußt.

Fazit: Das oben skizzierte Modell wurde mit der Planungssprache FCS-EPS realisiert. Es war dadurch möglich, Änderungen im Aufbau des Modells, die aus dem Entscheidungsprozeß heraus notwendig wurden, ohne besonderen Zusatzaufwand vorzunehmen. So konnte z.B. das Modell der Phase 1 relativ einfach erweitert werden, um auch die

Fragen der Phase 2 zu berücksichtigen. Die Eingabedaten, die zum einen aus MAN-Rechnungswesendaten und zum anderen aus Schätzdaten und Annahmen bestanden, erlaubten trotz des relativ geringen Umfangs (ca. 200 Eingabedaten pro Periode für die Modelle der Phase 1 und ca. 300 für die Modelle der Phase 2) aussagekräftige Analysen.

Das Beispiel zeigt, daß es mit vertretbarem Aufwand möglich ist, durch Einsatz moderner Planungssprachen und Beschränkung auf die wesentlichen Eingabedaten Modelle aufzubauen, die auf spezielle Entscheidungssituationen und einen einmaligen Einsatz zugeschnitten sind.

4.2. RECHNERGESTÜTZTE DATENANALYSE

4.2.1. PROGNOSEANSÄTZE FÜR STRATEGISCHE ENTSCHEIDUNGEN

Strategische Entscheidungen erfordern aufgrund ihrer längerfristigen und umfassenden Auswirkungen Prognoseinformationen über eine Zukunft, die durch strukturelle Umbrüche gekennzeichnet sein kann. Daher scheinen Methoden, die sich auf die Extrapolation von Vergangenheitsdaten zu einer "besten" Prognose beschränken, für längerfristige Aussagen ungeeignet zu sein. Sie unterliegen der Annahme, daß die Ursachen, die die Vergangenheitsdaten bewirkt haben, auch in der Zukunft bestehen. Diese Prämisse kann im "Zeitalter der Diskontinuitäten" nur schwerlich aufrechterhalten werden. Geeigneter erscheinen solche Ansätze, die Alternativprognosen generieren oder versuchen, Ursache-Wirkungs-Beziehungen zu analysieren. Alternativprognosen können die Bandbreite zukünftiger Entwicklungen unter verschiedenen Annahmen aufzeigen und so verschiedene mögliche Ausprägungen der Zukunft bewußt machen. Methoden, die Ursache-Wirkungs-Beziehungen abzubilden bzw. aufzudecken versuchen, helfen Erkenntnisse über alternative Entwicklungspfade zu gewinnen, wobei es sich dabei nicht um allgemeingültige Gesetzmäßigkeiten handelt. Solcherart erstellte Prognosen sind auch eher nachzuvollziehen und daher einfacher begründbar als durch die Fortschreibung von Zeitreihen generierte (WILD 82, S. 88 f.).

4.2.2. LEBENSZYKLUSÜBERLAGERUNGEN ALS BEISPIEL FÜR DEN EINSATZ VON MATHEMATISCH-STATISTISCHEN MODELLEN

Eine Möglichkeit, Aufschlüsse über die zukünftige Entwicklung des Unternehmens zu erhalten, besteht in der Überlagerung der Lebenszyklen aller wesentlichen bestehenden und geplanten Produkte. Da Sättigungsmodelle eng mit der Theorie der Lebenszyklen verbunden sind, eignen sie sich zur Prognose der Absatzkurven der einzelnen Erzeugnisse (MERTENS/RACKELMANN 79). Die durch Überlagerung des Gesamtabsatzes über die Zeit entstehende Funktion ist der Ausgangspunkt einer Erfolgsrechnung, bei der unter Berücksichtigung von gespeicherten oder errechneten Kostenverläufen Deckungsbeiträge und die Liquiditätssituation prognostiziert werden. Anhand von Daten der Automobilindustrie konnte z.B. gezeigt werden, daß es möglich ist, die Kostenverläufe mit für Modelle dieses Typs ausreichender Genauigkeit über Regressionsfunktionen aus den Absatzverläufen abzuleiten. Aus der Differenz läßt sich das Deckungsbeitragsprofil errechnen (MERTENS/RACKELMANN 79).

Eine Nutzung dieser Prognoseinformationen zur Unterstützung strategischer Entscheidungen ergibt sich weniger aus der Erstellung einer "wahrscheinlichsten" Prognose als vielmehr in der einfachen Simulation von alternativen Wachstumspfaden unter verschiedenen Annahmen. Durch Vergleich der prognostizierten mit den erreichten Endwerten kann jeweils bestimmt werden, ob diese auf dem Wachstumspfad liegen, der zur Erreichung des zugrundeliegenden Endwerts verfolgt werden muß. Es konnte schon 1981 mit den damals verfügbaren beschränkten Mitteln gezeigt werden, daß sich solche Simulationen, insbesondere die Verschiebung von Umsatzprofilen, auf einem PC durchführen lassen (SCHNEEBERGER 81). Dies erlaubt ein rasches Durchrechnen unterschiedlicher Alternativen unter verschiedenen Annahmen über die durch Substitute verursachten Absatzverluste oder den Anfangserfolg von Produkten, die auslaufende ersetzen sollen. Ziel derartiger Modelle ist, Krisensituationen vorherzusehen, wie sie beispielsweise eintreten können, wenn zwei Hauptprodukte gleichzeitig in die Degenerationsphase geraten, ohne daß die Nachfolgeprodukte rechtzeitig an ihre Stelle treten. Abbildung 4.2.2./1 zeigt das Prinzip des Planungsmodells für die Umsatzverläufe (MERTENS/GRIESE 84).

Back-Hock erweitert diesen Ansatz in einem EDV-System, das informatische Hilfsmittel wie Datenbanken und Planungssprachen nutzt, um eine dynamische Betrachtung (BACK-HOCK 87). Die Annahme, daß sich die Zeitreihen nur starr über die Zeitachse

Abb. 4.2.2./1 — Überlagerung von Produkt-Lebenszyklen (MERTENS/GRIESE 84, S. 206)

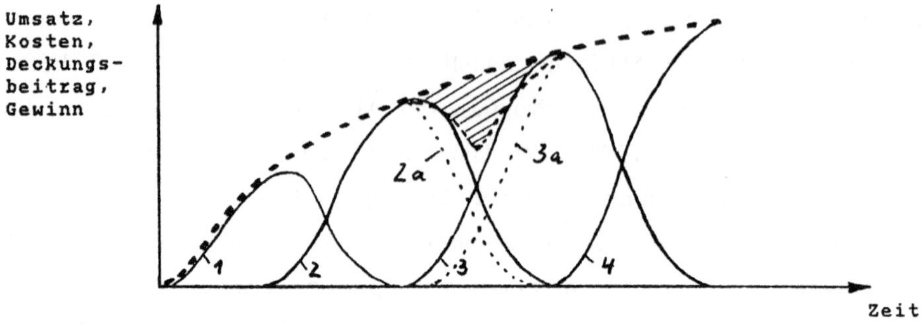

Legende:

______ = Lebenszyklusverlauf der Produkte 1 - 4 bei wahrscheinlicher Entwicklung
▪▪▪▪▪▪ = Unternehmensumsatz bei wahrscheinlicher Entwicklung
...... = Lebenszyklusverlauf 2a und 3a der Produkte 2 und 3 bei ungünstiger Entwicklung (Produkt 2 fällt vorzeitig ab, Produkt 3 kommt zu spät)
------ = Unternehmensumsatz bei ungünstiger Entwicklung

verschieben, wird aufgegeben. Statt dessen erfolgt in Abhängigkeit davon, wie ein Lebenszyklus vorgezogen oder hinausgeschoben wird, eine Veränderung der Kosten- und Erlöskurven. Höhere Entwicklungs- und Folgekosten (z.B. Wartung und Garantie) sind z.B. anzunehmen, wenn ein Projekt vorgezogen wird, da besondere Entwicklungsanstrengungen unternommen werden müssen und ein u.U. unreifes Produkt auf den Markt gebracht wird. Das Hinausschieben eines Produktes hat dagegen geringere Umsätze zur Folge, wenn Konkurrenzprodukte bereits vorher am Markt sind.

4.2.3. CROSS-IMPACT-METHODE ZUR RECHNERGESTÜTZTEN GENERIERUNG VON SZENARIEN

Szenarien sollen nicht notwendigerweise die wahrscheinlichsten, sondern mögliche Entwicklungen in der Zukunft und die Ursache-Wirkungs-Zusammenhänge, die zu ihnen führen, aufzeigen (GESCHKA/HAMMER 83). Eine Methode zur Erstellung solcher Szenarien ist die Cross-impact-Analyse. Auf ihrer Basis kann die Szenario-Erstellung rechnergestützt durch Simulation mit interdependenten Ereignissen erfolgen. Ein solches interaktives Computermodell wurde von Enzer (ENZER 79) entwickelt. Grundlage der Cross-impact-Analyse ist eine Datenbasis von Expertenschätzungen über zukünftige

Abb. 4.2.3./1	Beispiele von Ereignissen und ihren Eintrittswahrscheinlichkeiten			
	Mittlere Wahrscheinlichkeit	Timing in Prozent		
		1988	88-94	94-00
1) OPEC-Zusammenbruch	,200	39,0	37,8	23,2
2) Solarenergie	,600	9,3	31,8	58,9
3) Kohleverflüssigung	,700	10,4	33,0	56,6
4) Verstärkter Kohleeinsatz	,750	35,5	50,3	14,2
5) Ölschiefer/-sand	,600	6,4	38,3	55,3
6) Verbot Kernspaltung	,175	39,1	32,6	28,3
7) Benzin-Rationierung	,400	34,8	40,2	25,0

Entwicklungen in verschiedenen Bereichen, wie z.B. technische, gesellschaftliche und ökonomische Tendenzen, die durch Delphi-Befragungen gewonnen wurden. Ergebnis der Befragungen sind Eintrittswahrscheinlichkeiten von Ereignissen zu verschiedenen Zeitpunkten in der Zukunft. Abbildung 4.2.3./1 verdeutlicht dies anhand einiger für die Energieversorgung wichtiger Ereignisse. Weiterer Bestandteil der benötigten Datenbasis sind Trendentwicklungen, deren Verlauf für das Unternehmen von besonderer Bedeutung ist. Ereignisse und Trends werden in einer Ereignis-Ereignis- und einer Ereignis-Trend-Matrix zusammengefaßt. Die geschätzten Cross-impact-Faktoren in den Feldern der Matrizen drücken aus, welchen Einfluß (d.h. Veränderung der Eintrittswahrscheinlichkeit) der Eintritt des Ereignisses in der Zeile der Matrix auf das Ereignis in der Spalte der Matrix hat bzw. wie sich der Trendverlauf als Folge des Eintritts eines Ereignisses verändert (vgl. Abbildungen 4.2.3./2 und 4.2.3./3). Auf der Basis dieser Ereignisse und Trends erfolgt die interaktive Computersimulation. Im ersten Schritt generiert der Rechner für ein gewähltes Zeitintervall mittels Monte-Carlo-Methode den Eintritt bzw. den Nichteintritt von Ereignissen. Nach jedem Zeitintervall wird die Simulation unterbrochen, und die Wahrscheinlichkeiten der Ereignisse und die Trendverläufe werden modifiziert und dokumentiert. Dieser Vorgang wird mehrfach bis zum gewünschten Zeithorizont wiederholt, wobei der Benutzer interaktive Veränderungen (beispielsweise das Erzwingen des Eintritts eines bestimmten Ereignisses) vornehmen

Abb. 4.2.3./2 Cross-impact-Faktoren von Ereignissen auf Ereignisse

	1	2	3	4	5	6	7
1	1,00	0,90	0,90	0,90	0,90	1,50	0,50
2	1,10	1,00	0,80	0,90	0,80	1,20	0,90
3	1,10	0,90	1,00	0,90	1,00	1,05	0,90
4	1,10	0,90	1,00	1,00	1,00	1,10	0,90
5	1,10	0,90	1,00	0,90	1,00	1,05	0,90
6	0,80	1,20	1,20	2,00	1,20	1,00	1,20
7	1,20	1,20	2,00	1,20	2,00	0,80	1,00

Abb. 4.2.3./3 Cross-impact-Faktoren von Ereignissen auf Trends

	Welt-ölpreis	US-Öl-verbrauch	US-Öl-produktion	US-BSP*	Welt-handel
1	0,70	1,05	1,00	1,01	0,94
2	0,98	0,95	0,99	1,06	0,95
3	1,02	0,95	0,99	1,06	0,98
4	1,00	0,90	0,99	1,01	0,98
5	1,02	0,95	0,99	1,08	0,99
6	1,20	1,02	1,01	1,00	1,05
7	0,90	0,90	1,02	0,98	0,97

* Bruttosozialprodukt

kann. Ergebnis dieser Simulation ist zum einen das durch die eingetretenen Ereignisse und deren Auswirkungen beschriebene Szenario, zum anderen die Abfolge der Ereignisse, die den Pfad zum Szenario hin beschreibt. Durch Wiederholen der Simulation werden alternative Szenarien erstellt. Diese liefern einen Überblick über mögliche zukünftige Entwicklungen. Die ermittelten Trends können einem Unternehmensmodell für Simulationen zugeführt werden (vgl. Abschnitt 4.1.) oder Basis für ein Frühwarnsystem sein, da die Protokolle der eingetretenen Ereignisse Aufschluß über eine mögliche zeitliche Abfolge geben.

Eine Variante zum vorgestellten Ansatz wurde von Brauers und Weber (BRAUERS/WEBER 86) entwickelt. Basierend auf einem Ansatz des Battelle-Instituts (REIBNITZ 83) wird bei den Eingabedaten auf Eintrittswahrscheinlichkeiten von Ereignissen verzichtet. Stattdessen werden die Ereignisse bezüglich ihrer Konsistenz zueinander eingeschätzt. Durch begrenzte Enumeration werden im ersten Schritt alle konsistenten Szenarien ermittelt. Im zweiten Schritt erfolgt die Bestimmung der Eintrittswahrscheinlichkeiten der Szenarien, in dem die Konsistenzschätzungen in Wahrscheinlichkeiten transformiert werden. Die große Zahl der Szenarien, die nach den Schritten 1 und 2 vorliegt, wird mittels Clusteranalysen zu einigen wenigen Hauptgruppen zusammengefaßt. Der Hauptvorteil dieses Ansatzes liegt in der geringeren Zahl der notwendigen Eingabedaten und der erzwungenen Konsistenz der Szenarien. Ein Nachteil ist jedoch, daß sich im Zeitablauf verändernde Einschätzungen der Ereignisse nicht berücksichtigt werden und keine Entwicklungspfade, die zu bestimmten Szenarien führen, beschrieben werden.

Das seit kurzem von Battelle angebotene und auf einem PC lauffähige Cross-impact-Modell ist ein Indikator dafür, daß die rechnergestützte Cross-impact-Analyse auch in Deutschland stärkere Verbreitung findet.

4.2.4. BRANCHENANALYSE DURCH MUSTERERKENNUNG

Scholz hat einen Ansatz entwickelt (SCHOLZ/JOSEPHY 84, SCHOLZ 85), der aufbauend auf der Methode der Mustererkennung (MERTENS 77) eine große Zahl von Profilen verschiedener Unternehmen einer Branche zu verschiedenen Zeitpunkten auf einige wenige Muster reduziert und typische Übergänge zwischen diesen Mustern selektiert. Aufbauend auf einer einheitlichen Datenbasis, die öffentlich zugängliche Finanzdaten enthält, werden die Profile

- von verschiedenen Unternehmen im gleichen Jahr,
- des gleichen Unternehmens in verschiedenen Jahren und
- verschiedener Unternehmen in verschiedenen Jahren

mittels Clusteranalyse zusammengefaßt. Jedem Unternehmensprofil wird in einem nachfolgenden Schritt ein aus der Clusteranalyse generiertes Grundmuster zugeordnet. Durch Analyse der Übergangswahrscheinlichkeiten zwischen den Mustern, die Unternehmen in ihrer Entwicklung durchlaufen, werden typische Entwicklungspfade erzeugt. Abbildung 4.2.4./1 zeigt unter a) zwei typische Grundmuster mit den (normalisierten) Ausprägungen bezüglich der Finanzdaten. Teil b) enthält einen Ausschnitt aus einem Stadiendiagramm, welches die Übergänge zwischen den Mustern (symbolisiert durch +, $, # und *) kennzeichnet. Teil c) veranschaulicht ein aus dem Stadiendiagramm extrahiertes Entwicklungspfadmodell, das auch die Übergangswahrscheinlichkeiten zwischen den Mustern enthält.

An Daten der Luftfahrt-, Computer- und Bekleidungsindustrie konnte gezeigt werden, daß sich für jede Branche eine begrenzte Zahl von Mustern extrahieren läßt. Weiterhin war es möglich, typische Entwicklungspfade zu extrahieren, denen die einzelnen analysierten Branchen in der Vergangenheit folgten. Die Stärke des Ansatzes liegt darin, daß er die Aufbereitung einer großen Zahl von Ausgangsdaten erlaubt, ohne die Identität der einzelnen Beobachtung zu verlieren, wie dies in den auf Regressionen basierenden Analysen der PIMS-Studien der Fall ist, die zusätzlich Brancheninvarianz unterstellen (LUBATKIN/PITTS 83). Die aus Vergangenheitsdaten gewonnenen Muster beinhalten allerdings keine Gesetzmäßigkeit über die Entwicklung der Branchen. Sie lassen daher auch keine normativen Aussagen zu. Die Ergebnisse können jedoch eingesetzt werden, um aus der Analyse der Branchenentwicklung und den Stadien, die einzelne Unternehmen durchlaufen haben, Anhaltspunkte für die Formulierung einer eigenen Strategie zu finden, die bei innovativem Vorgehen u.U. die Verfolgung eines völlig neuen "Musters" zum Ziel hat.

Abb. 4.2.4./1	Ausschnitt aus den Ergebnissen der Branchenanalyse (SCHOLZ 85, S. 126 ff.)

a) Muster für die Fluglinienbranche

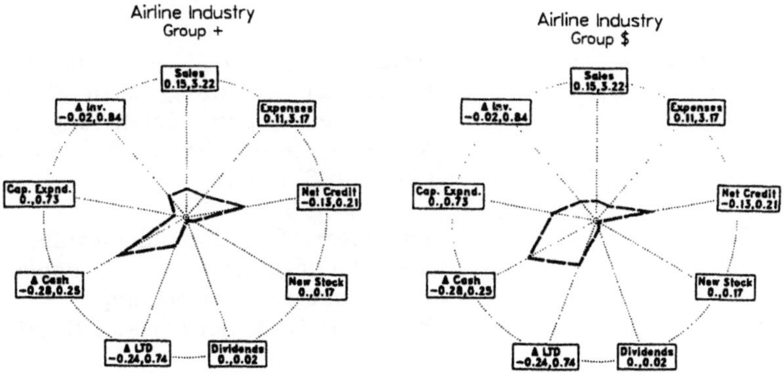

b) Stadiendiagramm für die Fluglinienbranche

Unternehmen	Jahr 1	2	3	4	5	6	7	8	9	10
1	+	+	+	$	$	+	+	#	#	#
2	+	+	+	+	+	+	+	#	#	#
3	+	$	$	*	*	*	*	#	#	#
4	+	$	$	$	$	+	*	*	#	#
5	*	*	*	*	*	*	#	#	#	#
6	+	$	$	+	+	+	+	#	#	#
7	+	+	+	+	*	$	*	#	#	#
8	*	*	*	*	*	*	*	*	*	#
9	+	+	+	*	+	*	#	#	#	#

c) Entwicklungspfadmodell für die Fluglinienbranche

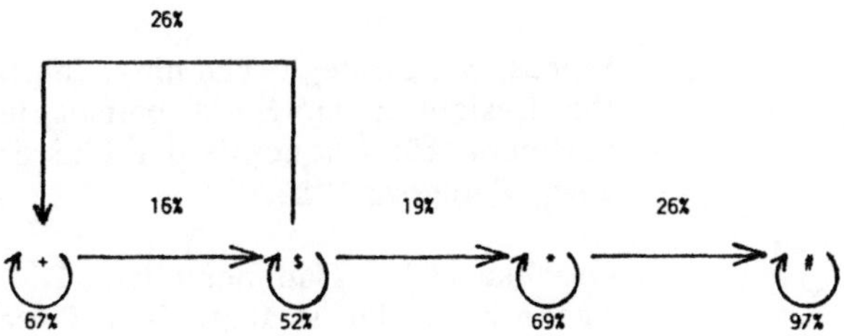

Legende:

zu a) Die zwei Werte in den Kästchen (z.B. 0,15 und 3,22 für "Sales") geben für jede der neun Variablen an, welches die minimale (Kreismitte) und die maximale (Kreisperipherie) Ausprägung ist.

zu a) und b) Die Zeichen "+", "$", "#" und "*" kennzeichnen verschiedene Muster.

zu c) Die Prozentsätze sagen aus, wie groß die Wahrscheinlichkeit des Übergangs zu einem neuen bzw. des Verbleibs im alten Muster ist.

4.3. LITERATUR ZU KAPITEL 4

BACK-HOCK 87	Back-Hock, A., Konzeption eines Produktlebenszyklus-Controlling auf der Basis einer Daten- und Methodenbank für das Rechnungswesen, Dissertation in Vorbereitung, Nürnberg 1987.
BRAUERS/WEBER 86	Brauers, J., Weber, M., Szenarioanalyse als Hilfsmittel der strategischen Planung: Methodenvergleich und Darstellung einer neuen Methode, Zeitschrift für Betriebswirtschaft 56 (1986) 7, S. 631 ff.
BUCHINGER 79	Buchinger, G., Computergestützte Unternehmensplanungsmodelle, in: agplan-Handbuch zur Unternehmensplanung, 19. Erg.-Lfg., Kennzahl 4752, Berlin 1979, S. 1 ff.
CORNELIUS/SCHMITT 84	Cornelius, M., Schmitt, U., Anwendung und Einsatzgebiete von computergestützten Planungssprachen dargestellt am Beispiel von FCS-EPS, TU Berlin, Wirtschaftswissenschaftliche Dokumentation, Diskussionspapier Nr. 90, Berlin 1984.
ENZER 79	Enzer, S., INTERAX - An Interactive Model for Studying Future Business Environments, Arbeitspapier M35, Center for Futures Research, University of Southern California at Los Angeles, Los Angeles 1979.
FELZMANN 82	Felzmann, H., Ein Modell zur Unterstützung der strategischen Planung auf der Ebene strategischer Geschäftseinheiten, Düsseldorf u.a. 1982.
FUMAS 85	Fumas, V., Strategic Planning: Implications for the Design of D.S.S., Arbeitspapier des Departments für Ökonomie der Universität Zaragoza, Zaragoza 1985.
GESCHKA/HAMMER 83	Geschka, H., Hammer, R., Die Szenario-Technik in der strategischen Unternehmensplanung, in: Hahn, D., Taylor, B. (Hrsg.), Strategische Unternehmungsplanung, 2. Aufl., Würzburg-Wien 1983, S. 224 ff.
HAMILTON/MOSES 81	Hamilton, W., Moses, M., An Optimization Model for Corporate Financial Planning, in: Steinmann, H. (Hrsg.), Planung und Kontrolle, München 1981, S. 190 ff.

HANSSMANN 82	Hanssmann, F., Strategische Planung und quantitative Modellierung, OR-Spektrum (1982) 4, S. 27 ff.
LARRÉCHÉ/SRINIVASAN 81	Larréché, J., Srinivasan, V., STRATPORT: A Decision Support System for Strategic Planning, Journal of Marketing 45 (1981) 4, S. 39 ff.
LARRÉCHÉ/SRINIVASAN 82	Larréché, J., Srinivasan, V., STRATPORT: A Model for the Evaluation and Formulation of Business Portfolio Strategies, Management Science 28 (1982) 9, S. 979 ff.
LITTLE 71	Little, J., Models and Managers: The Concept of a Decision Calculus, Management Science 16 (1971) 4, S. B-466 ff.
LUBATKIN/PITTS 83	Lubatkin, M., Pitts, M., PIMS: Fact or Folklore?, Journal of Business Strategy 3 (1983) 3, S. 38 ff.
MERTENS 77	Mertens, P., Die Theorie der Mustererkennung in den Wirtschaftswissenschaften, Schmalenbachs Zeitschrift für betriebswirtschaftliche Forschung 29 (1977) 12, S. 777 ff.
MERTENS/RACKELMANN 79	Mertens, P., Rackelmann, G., Konzept eines Frühwarnsystems auf der Basis von Produktlebenszyklen, in: Albach, H., Hahn, D., Mertens, P. (Hrsg.), Frühwarnsysteme, Ergänzungsheft 2 (1979) der Zeitschrift für Betriebswirtschaft, S. 70 ff.
MERTENS/GRIESE 84	Mertens, P., Griese, J., Industrielle Datenverarbeitung, Band 2: Informations- und Planungssysteme, 4. Aufl., Wiesbaden 1984.
MERTENS/PLATTFAUT 85	Mertens, P., Plattfaut, E., Ansätze zur DV-Unterstützung der strategischen Unternehmensplanung, Die Betriebswirtschaft 45 (1985) 1, S. 19 ff.
NAYLOR/SCHAULAND 76	Naylor, Th., Schauland, H., Experience with Corporate Simulation Models - a Survey, Long Range Planning 9 (1976) 4, S. 94 ff.
REIBNITZ 83	Reibnitz von, U., Szenarien als Grundlage der strategischen Planung, Harvard Manager (1983) 1, S. 71 ff.
ROSENKRANZ 79	Rosenkranz, F., Introduction to Corporate Modeling, Durham 1979.

SCHOLZ 85	Scholz, Ch., Strategische Branchenanalyse durch Mustererkennung, Zeitschrift für betriebswirtschaftliche Forschung 55 (1985) 2, S. 120 ff.
SCHOLZ/JOSEPHY 84	Scholz, Ch., Josephy, N., Industry Analysis: The Pattern Approach, Working Paper 84/44, Graduate School of Business Administration, Harvard University, Boston 1984.
SCHNEEBERGER 81	Schneeberger, R., Kozeption und Realisierung grafikorientierter Dialogsoftware zur Unterstützung von Unternehmensplanungsmodellen, Diplomarbeit, Nürnberg 1981.
SCHWANDNER 85	Schwandner, G., Einsatz der Planungssprache FCS-EPS für die Planung in einem Maschinenbauunternehmen, Diplomarbeit, Nürnberg 1985.
WILD 82	Wild, J., Grundlagen der Unternehmungsplanung, 4. Aufl., Opladen 1982.

5. UNTERSTÜTZUNG DER KOMMUNIKATION IM ENTSCHEIDUNGSPROZESS

5.1. PRÄSENTATIONSGRAFIK ZUR AUFBEREITUNG VON INFORMATIONEN

Eine Teilaufgabe der strategischen Planung liegt darin, die gefundenen Ergebnisse in überzeugender Weise zu kommunizieren. Grafisch aufbereitete Informationen werden im Vergleich zu sprachlichen und numerischen Informationen besonders schnell aufgenommen und prägen sich besser ein (KROEBER-RIEL 86).

Durch die Entwicklung von Programmen für Präsentationsgrafik ergeben sich Möglichkeiten, verschiedene Grafiken mit Hilfe des Rechners zu erstellen. Ein Großteil der benötigten grafischen Darstellungen ist durch vorkonfektionierte Lösungen abgedeckt. Zu nennen sind hier insbesondere die zahlreichen auf PCs verfügbaren integrierten Softwareprogramme, aber auch die Grafikkomponenten von leistungsfähiger DSS-Software auf Groß- und Kleinrechnern, die eine direkte grafische Aufbereitung von Daten, die beispielsweise aus Unternehmensmodellen gewonnen werden, erlauben.

Neben Standardgrafiken wie Kurven-, Linien-, Kreis- oder Balkendiagrammen können z.B. auch die Ergebnisse von Portfolio-Analysen mit Hilfe des Rechners gezeichnet werden. Ein Programm zur Erstellung der verschiedenen Typen von Portfolios plottet nach Eingabe der Dimensionen, der Kriterien, ihrer Gewichtung und der Bewertung der Kriterien eine Portfolio-Grafik. Sensitivitätsanalysen, die Aufschluß darüber geben, wie empfindlich die Positionierungen in bezug auf Veränderungen der Eingabedaten sind (zusätzliche Kriterien, veränderte Gewichtungen und Bewertungen), lassen sich so komfortabel durchführen.

5.2. KOMMUNIKATIONSUNTERSTÜTZUNG DURCH ELECTRONIC-MAIL-SYSTEME AM BEISPIEL EINES MODELLS ZUR PRODUKTPLANUNG

Neben der Aufbereitung von Ergebnissen als einer Kommunikationsaufgabe im Planungsprozeß ist es für die effiziente Durchführung der vielfältigen Abstimmungs- und Kommunikationsanforderungen notwendig, die geeigneten Kommunikationsmittel und -wege bereitzustellen. Im folgenden wird ein System zur Durchführung von Produktplanungsprozessen skizziert, welches in Zusammenarbeit mit dem Büroartikelhersteller Faber-Castell entwickelt wurde. Das System ist in die Klasse der Group Decision Support Systeme (GDSS) einzuordnen, deren Hauptziel die Integration der Kommunikation aller an einem Entscheidungsprozeß beteiligten Personen ist (JARKE 86, CANNING McNURLIN 86).

5.2.1. ZIELSETZUNG

Die Produktplanung ist ein wesentlicher Bestandteil der Planungsaufgaben eines Unternehmens. Ihre besondere Bedeutung läßt sich an der Verkürzung der Lebenszyklen einzelner Produkte und des dadurch erforderlichen zunehmenden Anteils neuer Produkte am aktuellen Produktprogramm erkennen. Das bedeutet, daß ein Unternehmen mit einer breiten Produktpalette jedes Jahr eine große Zahl neuer Produktideen generieren und die erfolgversprechenden auswählen muß. In jede dieser Entscheidungen müssen zahlreiche Abteilungen und Personen einbezogen werden. Daraus resultieren ein hoher Zeitaufwand und hohe Kosten. Es wird deutlich, daß die Anforderung an die Produktplanung nicht nur derart sein kann, daß man sie überhaupt und möglichst effektiv durchführt, sondern auch, daß sie auf möglichst effiziente Weise vollzogen wird.

Für Faber-Castell wurde ein vorgangsgesteuertes Formularsystem entwickelt, um den Prozeß der Auswahl und Realisierung von Produktideen

- in einen methodischen Ablauf einzugliedern,
- sämtliche am Prozeß beteiligte Personen frühzeitig einzubinden,
- ein Kontrollsystem für die Produktentwicklung zu schaffen und
- ein einheitliches Informations- und Dokumentationssystem bereitzustellen.

Das mit dem Bürokommunikationssystem EMS 5800 erstellte Formularsystem sollte folgenden Anforderungen genügen:

- Unterstützung der beteiligten Stellen durch ein die betriebswirtschaftlichen Sachverhalte und die Systembedienung erläuterndes Benutzerhandbuch, durch Formulare zur Aufgabensteuerung und -kontrolle sowie durch Checklisten für elementare Prüfungen,

- Trennung der einzelnen Arbeitsschritte, unter Zuweisung der Kompetenzen, in klar voneinander abgegrenzte Module,

- normierte Vorgehensweise bei Wahrung einer gewissen Flexibilität,

- vollständige und redundanzfreie Dokumentation des Produktplanungsprozesses mit Hilfe von Formularen,

- rationelle, auf den elektronischen Formularen basierende Informationsverteilung und -verdichtung zwischen den einzelnen Abteilungen unter Ausnutzung der Kommunikationsfunktionen des EMS 5800,

- Organisation einer elektronischen Ablagestruktur auf dem System, welche eine redundanzfreie Speicherung und ein schnelles Wiederauffinden der Informationen gewährleistet.

5.2.2. AUFBAU UND KOMPONENTEN DES SYSTEMS

5.2.2.1. AUFBAU

Das Instrument einer systematischen Produktplanung besteht aus einer Alternativenbewertung und -auswahl, der Produktfindung (SCHEUCH 84) und einer Projektplanungsstufe, der Produktrealisierung (GUTMANN 85) (vgl. Abbildung 5.2.2.1./1).

Obwohl dieses System auf die Besonderheiten von Faber-Castell zugeschnitten wurde, ist es von der Grundstruktur weitgehend verallgemeinerungsfähig. So folgt etwa die Produktplanung der Daimler-Benz AG einem ähnlichen Aufbau (HAHN/COMMES 86 S. 364).

Zur Durchführung der einzelnen Aktivitäten steht dem jeweiligen Anwender ein Benutzerhandbuch zur Verfügung, das sowohl die betriebswirtschaftlichen Hintergründe als auch die für die Systembedienung erforderlichen DV-technischen Funktionen erläutert. Alle Unterlagen, die der Benutzer benötigt, werden auf einem "Elektronischen Schreibtisch" gehalten.

Abb. 5.2.2.1./1	Ablauf der Produktplanung

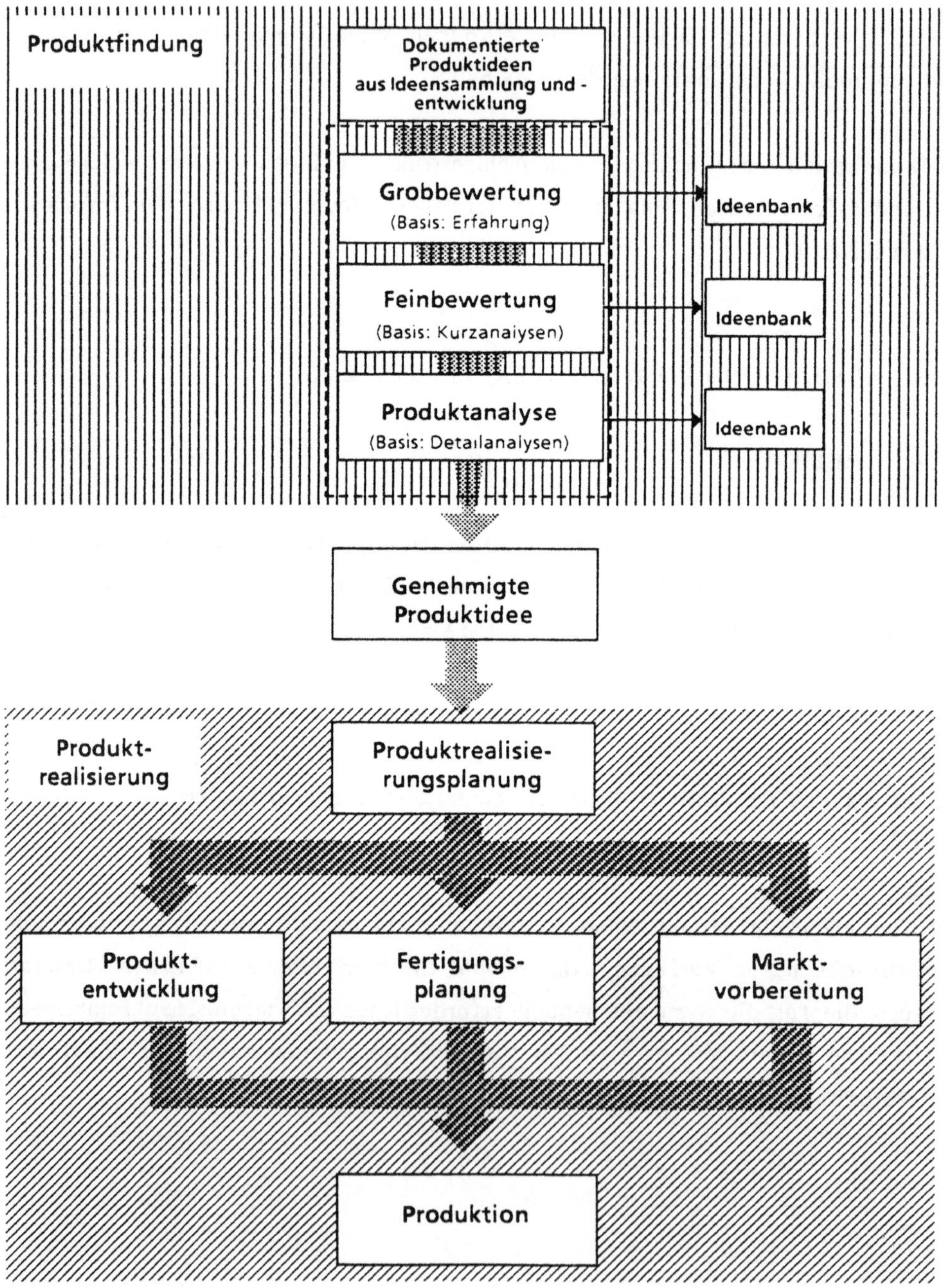

5.2.2.2. KOMPONENTEN

5.2.2.2.1. PRODUKTFINDUNG

In die Produktfindung gehen die von unterschiedlichen Stellen im Unternehmen (insbesondere Marketing und Forschung und Entwicklung) generierten Produktideen ein. Dabei kann es sich um Marktneuheiten, Betriebsneuheiten oder Produktvariationen handeln. Die Produktfindung beinhaltet die systematische Bewertung und Selektion der vorhandenen Produktideen. Diese Phase wurde als mehrstufiger Selektionsprozeß gestaltet, in welchem die Genauigkeit der Analyse- und Bewertungsmethoden mit zunehmender Konkretisierung der Produktideen erhöht wurde (vgl. Abbildung 5.2.2.2.1./1 in Anlehnung an VDI 78 und FRIESE 75).

Die Grobbewertung dient der möglichst frühzeitigen Aussonderung ungeeigneter Ideen mit geringem Bewertungsaufwand. Die Produktideen werden anhand interner und externer Bewertungskriterien in Form einer einfachen Punktbewertung von ausgewählten Mitarbeitern aus den Bereichen Marketing/Vertrieb und Technik beurteilt.

Nachdem durch die Grobbewertung die Anzahl der Produktideen reduziert wurde und im Rahmen der Bewertungsüberlegungen Hinweise zur weiteren Konkretisierung gewonnen wurden, gilt es in der Feinbewertung, die ausgewählten Produktideen einer weiteren eingehenden Bewertungssystematik zu unterziehen. Hauptaugenmerk liegt dabei auf einer Prüfung der Unternehmensressourcen. Die verwendeten Informationen beschränken sich dabei auf Kenntnisse, die im Unternehmen verfügbar sind. Die Prüfung verschiedener Aspekte der neuen Produktidee(z.B. Patentsituation und technische Realisierbarkeit) wird im Rahmen von Kurzanalysen an die jeweiligen Fachabteilungen delegiert.

Die verbleibenden Ideen werden in der letzten, kostenintensivsten Bewertungs- und Selektionsstufe vor allem unter Marketingaspekten und im Hinblick auf ihre finanziellen Auswirkungen untersucht. Zu diesem Zweck werden unter anderem bei Kunden die Abnehmeranforderungen ermittelt. Hieraus geht dann u.U. eine Überarbeitung des Anforderungsprofils der Produktidee hervor. Auf Basis der Marktentwicklung und einer Konkurrenzanalyse wird ein vorläufiger Absatzplan erstellt. Das überarbeitete Anforderungsprofil und der Absatzplan dienen den Abteilungen Forschung und Entwicklung sowie Fertigung als Grundlage für die Erstellung eines detaillierten Entwicklungs-

Abb. 5.2.2.2.1./1 — Ablaufplan der Produktfindung

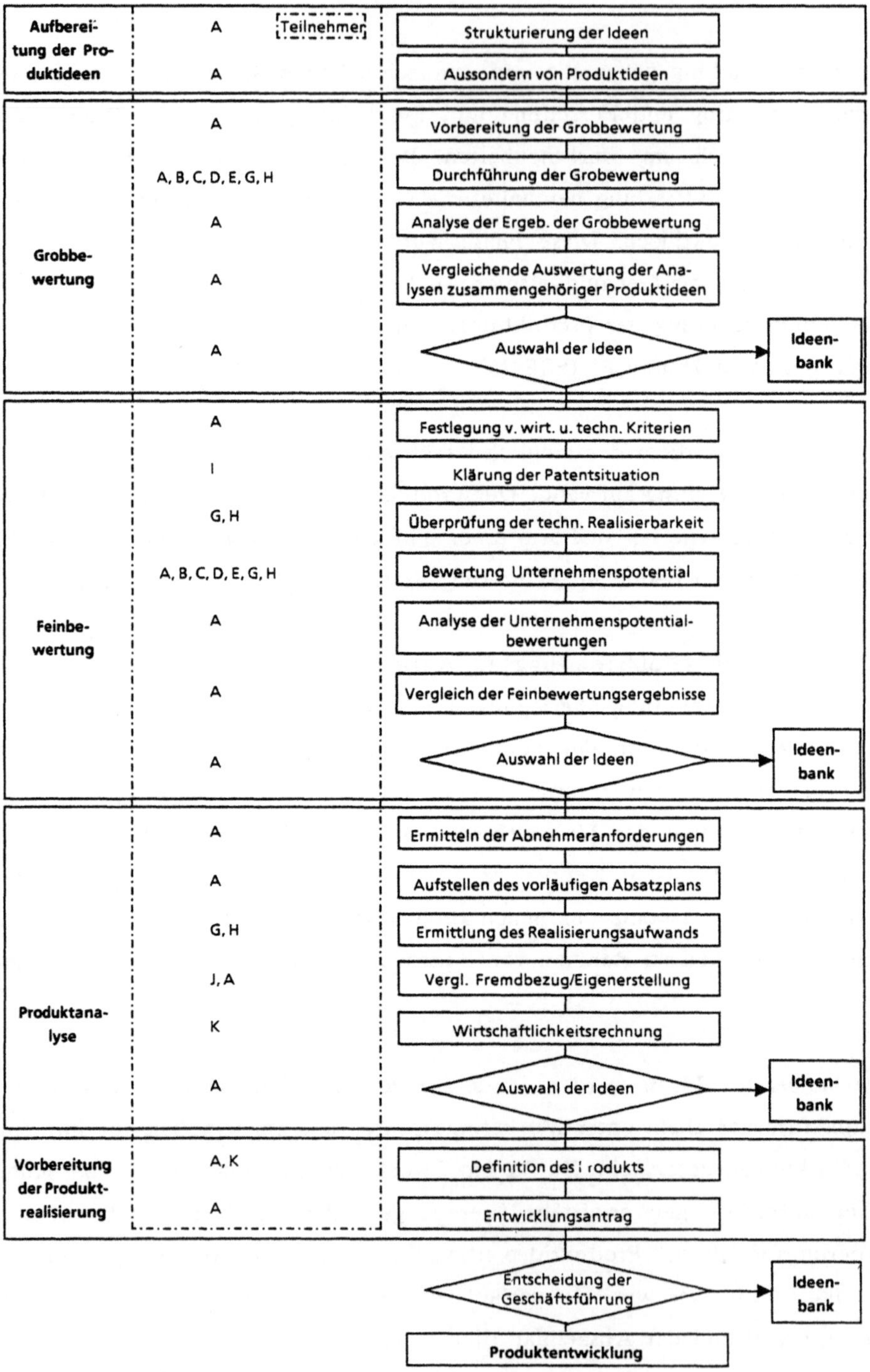

kosten- und Investitionsplans. Dieser Plan kann wiederum zu einer Modifizierung des Absatzplans führen.

Die drei dargestellten Stufen sind so integriert, daß das System die für die nächste Phase relevanten Informationen automatisch überträgt. Für die Vorbereitung der Entscheidung auf Geschäftsführungsebene werden die relevanten Bewertungsinformationen aus der Feinbewertung und Produktanalyse automatisch mit Hilfe von CUSP-Programmen (Customer-Programming-Language) im Entwicklungsantrag zusammengefaßt.

5.2.2.2.2. PRODUKTREALISIERUNG

Die Produktrealisierung als der operative Teil der Produktplanung besteht aus den Bereichen Produktrealisierungsplanung, Produktentwicklung, Fertigungsplanung und Marktvorbereitung. Darüber hinaus wurde in diese Phase eine Produktplanungsverfolgung integriert, die Termine und Kosten der Entwicklungsaktivitäten unter Zuhilfenahme von Soll-/Ist-Vergleichen überwacht. Sie ist mit dem strategisch bedeutsamen Bereich der Produktfindung insofern verbunden, als alle für die Realisierung relevanten Informationen der Produktfindung in die elektronischen Formulare der Produktrealisierung automatisch übernommen werden.

5.2.3. DOKUMENTATION

Um alle Dokumente und Unterlagen übersichtlich zur Verfügung zu stellen, wurde ein "Aktenschrank" Produktplanung eingerichtet. Er enthält:

- Benutzerhandbuch,
- Formulare,
- laufende Projekte und eine
- Ideenbank.

Im Benutzerhandbuch werden die für die Produktfindung erforderlichen Tätigkeiten in klar abgegrenzte Abschnitte untergliedert. Zu jeder Aktivität erhält der Benutzer betriebswirtschaftliche Hinweise und eine Anweisung zur Handhabung des Kommunikationssystems.

In der Mappe "Formulare" sind die zur Durchführung einer Aktivität notwendigen Formulare enthalten.

Alle Unterlagen in Bearbeitung befindlicher Produktideen werden in einer Ideenmappe zusammengefaßt, um umfassende Informationen über den gegenwärtigen Stand bereitzuhalten.

Die in einer der Phasen zur Produktfindung ausgeschiedenen Ideen (vgl. Abbildung 5.2.2.2.1./1) werden in eine Ideenbank ausgelagert (vgl. Abbildung 5.2.3./1). Über sie kann, bei Wiederaufnahme der Verfolgung einer Produktidee, schnell auf schon vorhandene Informationen zurückgegriffen werden. Für solche Daten besteht auch die Möglichkeit, sie über 3270-Emulation auf den IBM-kompatiblen Großrechner zu übertragen.

Abb. 5.2.3./1 Ausschnitt aus der Ideenbank

Produkt-hauptgruppe	lfd. Ideen-nummer	Vari-anten-nummer	Produktbezeichnung	Aussonderungs-grund	Produkt-manager	Letzte Bewer-tungs-stufe	Aussonde-rungs-datum	Speicher-adresse: Disketten-nummer
7	00001	1	Fallminenstift	Herstellkosten zu hoch	A1	2	30.11.84	01
7	00001	2	Fallminenstift mit Clip	Herstellkosten zu hoch	A1	3	04.12.84	01
7	00001	3	Fallminenstift Clip de Luxe	Absatzmenge zu gering	A1	4	12.12.84	01
7	00002	0	Flexibles Kurvenlineal	Paßt nicht ins Produktprogramm	A1	0	30.10.84	01
1	00003	0	Farbkopierstift	Marktchance zu gering	A2	1	15.10.84	01
8	00004	3	Reißkohle extra soft	Keine geeigneten Absatzwege	A3	2	20.11.84	01

5.2.4. INFORMATIONSVERTEILUNG

Mit der Durchführung der Einzelaktivitäten in den verschiedenen Stufen der Produktfindung sind jeweils mehrere Bearbeiter aus unterschiedlichen Abteilungen betraut (vgl. Abbildung 5.2.2.2.1./1). So findet z.B. im Rahmen der Grobbewertung eine Beurteilung externer und interner Kriterien durch sieben verschiedene Bewerter statt. Zur

Vorbereitung dieser Aktivität legt der Koordinator zunächst die Kriteriengrenzen zur Bewertung fest. Er gibt beispielsweise die Obergrenze der absetzbaren Menge oder mögliche Produktlebenszeiten vor. Die so aufbereiteten Formulare werden über den Postausgangskorb des Koordinators an die einzelnen Bearbeiter verschickt, denen das Formular ohne Zeitverzögerung in ihrem Posteingangskorb zugänglich ist. Nach Durchführung der Einschätzungen der Kriterien und Hinzufügen zusätzlicher Anmerkungen senden sie die Formulare an den Koordinator zurück. Abbildung 5.2.4./1 zeigt einen Ausschnitt aus einem bereits ausgefüllten Formular zur Produktgrobbewertung (SCHEUCH u.a. 85). Einen Ausschnitt aus dem CUSP-Programm zur Übertragung der Daten für die Bewertung des Unternehmenspotentials liefert Abbildung 5.2.4./2.

Abb. 5.2.4./1 Ausschnitt aus dem Formular "Projekt-Grobbewertungsbogen"

Bewertungskriterien		**1**	**3**	**5**	**Punkte**
Externe Bewertungs-kriteren	*Absetzbare Menge* (pro Jahr)*	D: 10000 I: 80000	30000 120000	50000 150000	5
	*Ø erzielbarer Händler-EKP**	D: 10,00 I: 8,00	11,00 8,20	12,00 8,50	3
	Produktlebenszeit (in Jahren)*	2	3	5	5
	Markttrend	rückläufig	stagnierend	expansiv	5
	Marktzugang	schwer	leicht zu erlangen	vorhanden	3
	Mitbewerbsprodukte	viele	wenige	keine	1
	Produktüberlegenheit	keine	normal	groß	3
	Marktchance		**= Zwischensumme 1**		***25***
Interne Bewertungs-kriterien	*Entw.-kosten in TDM**	11,0	10,0	9,0	3
	*Investitionen in TDM**	11,0	10,0	9,0	3
	*Herstellkosten in DM**	5,50	5,00	4,50	3
	Entwicklungs-Know How	schwer zu erlangen	leicht zu erlangen	vorhanden	5
	Herstellungs-Know How	schwer zu erlangen	leicht zu erlangen	vorhanden	5
	Realisierungspotential		**= Zwischensumme 2**		**19**
			Gesamtsumme		***44***

* = fiktive Zahlen

Abb. 5.2.4./2	CUSP-Programmausschnitt zur Übertragung der Daten für die Bewertung des Unternehmenspotentials

```
DO
RESERVE TEXT FIELD n1;
STORE "8.Bewertung des Unternehmenspotentials" INTO n1;
COPY THE DOCUMENT WHOSE NAME IS n1 IN THE FOLDER WHOSE NAME IS
"Formulare" IN THE FILEDRAWER WHOSE NAME IS "PRODUKTPLANUNG" TO
THE DESKTOP;
OPEN THE DOCUMENT WHOSE NAME IS n1;

STORE Ideennummer INTO Feld455 IN THE DOCUMENT WHOSE NAME IS n1;
STORE Produktgruppe INTO Feld456 IN THE DOCUMENT WHOSE NAME IS n1;
STORE Substitution INTO Feld457 IN THE DOCUMENT WHOSE NAME IS n1;
STORE Produktbezeichnung INTO Feld459 IN THE DOCUMENT WHOSE NAME
IS n1;
POST COMMENT "Zur Zeit wird das Anforderungsprofil kopiert.";
STORE 1 INTO z1;
FOR EACH ROW CALL IT Reihe IN Tabelle Anforderungsprofil IN THE
DOCUMENT WHOSE NAME IS n1
DO
STORE Reihe.C2 INTO Tabelle21[ROW z1].C2;
STORE z1 + 1 INTO z1;
END;
......
```

Diese Informationsverteilung ermöglicht eine asynchrone Kommunikation während des Bewertungsprozesses.Die programmgesteuerte Aufbereitung der Formulare in allen Stufen des Bewertungsprozesses gestattet es, daß der Empfänger nur die für seine Aktivität notwendigen Informationen erhält und nicht mit für ihn unwichtigen Details "überversorgt" wird.

5.2.5. INFORMATIONSVERDICHTUNG

Nachdem alle mit der Bewertung betrauten Personen die Einschätzung der Kriterien durchgeführt und die ausgefüllten Formulare dem Koordinator über ihren Postausgangskorb zugesandt haben, werden die Daten ausgewertet. Für jedes Kriterium berechnet das System statistische Maßzahlen und stellt die Beurteilung der Bewerter einander gegenüber. Die grafische und rechnerische Aufbereitung der Daten zur Entscheidungsvorbereitung erfolgt programmgesteuert und berücksichtigt auch eine variable z.B. produktabhängige Zusammensetzung der Bearbeiter.

Abbildung 5.2.5./1 zeigt einen Ausschnitt des Auswertungsformulars für die Grobbewertung, das Grundlage für die Entscheidung über eine Weiterverfolgung der Produktidee ist (KACZMAREK u.a. 85).

Abb. 5.2.5./1 — Ausschnitt aus dem Formular "Analyse der Projekt-Grobbewertungsbögen"

Statistische Auswertung der Projekt-Grobbewertungsbögen

Kriterium	Mittelwert	Minimum	Maximum	Spannweite	Standardabweichung
Absetzbare Menge	3,57	3	5	2	0,9
Ø erzielbarer Händler-EKP	2,43	1	5	4	1,4
Produktlebenszeit	4,43	3	5	2	0,9
Markttrend	4,71	3	5	2	0,7
Marktzugang	1,86	1	3	2	0,99
Mitbewerbsprodukte	1,86	1	3	2	0,99
Produktüberlegenheit	3,57	3	5	2	0,9
Zwischensumme 1	**22,43**	**17**	**27**	**10**	**3,33**
Entwicklungskosten			5	2	0,7
Investitionen				2	0,99

Marktchancen- u. Realisierungspotentialbewertung

Marktchance: Min.7, Max.35 Punkte ; **Realisierungspotential:** Min.5, Max.25 Punkte.

Bewerter	A	B	C	D	E	F	G
Marktchance	25	17	19	27	25	21	23
Realisierungs-potential	19	17	17	15	23	19	21

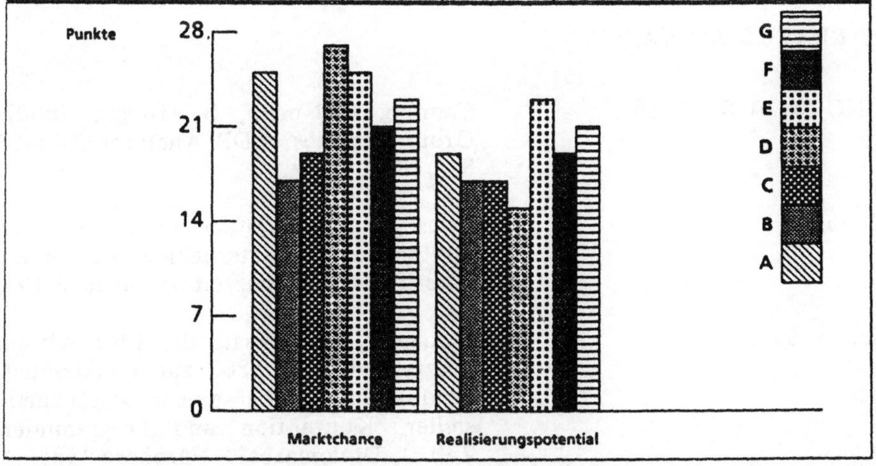

Für den Vergleich mehrerer konkurrierender Produktideen werden die einzelnen Produktideen in einer portfolioähnlichen Darstellung zusammengefaßt, um sich einen groben Überblick zu verschaffen und zwischen alternativen Produktideen zu differenzieren.. Die Produktideen werden jeweils durch Angabe ihrer Ideennummer gekennzeichnet (vgl. Abbildung 5.2.5./2).

Abb. 5.2.5./2 Marktchancen/Realisierungspotential-Portfolio

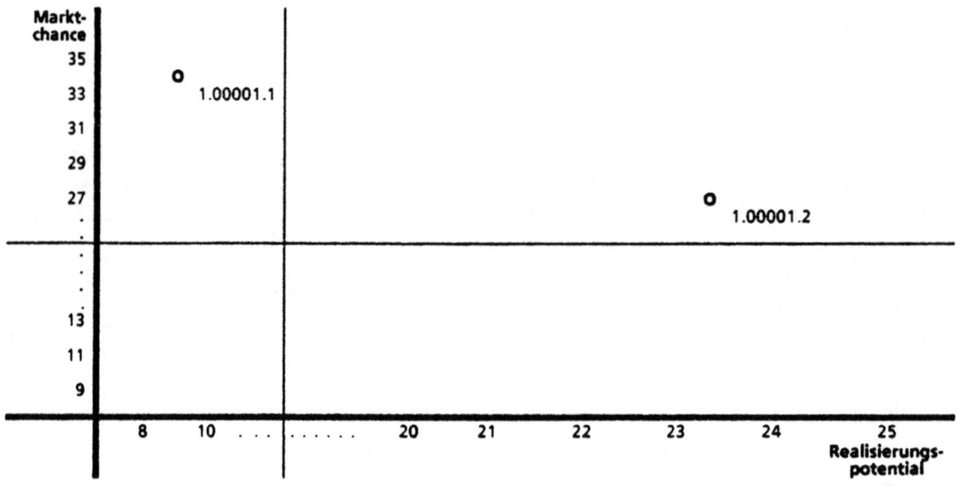

5.3. LITERATUR ZU KAPITEL 5

CANNING McNURLIN 86 — Canning McNurlin, B. (Hrsg.), Spotlight on Group Services, EDP Analyzer 24 (1986) 11, S. 1 ff.

FRIESE 75 — Friese, W., Ein System zur koordinierten Produktplanung in Unternehmen der Investitionsgüterindustrie, Dissertation, Aachen 1975.

GUTMANN 85 — Gutmann, B., Einsatz des Bürokommunikationssystems EMS 5800 zur Unterstützung der Produktplanung bei einem Markenartikelhersteller, Konzeption und Programmierung - Teil II, Diplomarbeit, Nürnberg 1985.

HAHN/COMMES 86	Hahn, D., Commes, M.-T. im Arbeitskreis "Integrierte Unternehmungsplanung" der Schmalenbach-Gesellschaft/Deutsche Gesellschaft für Betriebswirtschaft e.V., Integrierte Forschungs- und Entwicklungsplanung, Zeitschrift für betriebswirtschaftliche Forschung 38 (1986) 5, S. 351 ff.
JARKE 86	Jarke, M., Group Decision Support Through Office Systems: Developments in Distributed DSS Technology, in: McLean, E., Sol, H. (Hrsg.), Decision Support Systems: A Decade in Perspective, Amsterdam u.a. 1986, S. 145 ff.
KACZMAREK u.a. 85	Kaczmarek, H., Plattfaut, E., Scheuch, N., Schumann, M., Rechnergestützte Auswahl von Produktideen, Produktplanung mit dem Bürokommunikationssystem EMS 5800, Office Management 33 (1985) 10, S. 1036 ff.
KROEBER-RIEL 86	Kroeber-Riel, W., Vorteile der Business-Graphik: Zu den Wirkungen von Bild und Graphik auf das Entscheidungsverhalten, Information Management 1 (1986) 3, S. 17 ff.
SCHEUCH 84	Scheuch, N., Einsatz des Bürokommunikationssystems EMS 5800 zur Unterstützung der Produktplanung bei einem Markenartikelhersteller, Konzeption und Programmierung - Teil I, Diplomarbeit, Nürnberg 1984.
SCHEUCH u.a. 85	Scheuch, N., Kaczmarek, H., Plattfaut, E., Schumann, M., EDV-Anwendungen im Mandantenbetrieb: Formulargestützte Produktplanung mit einem Bürokommunikationssystem, Datenverarbeitung Steuer Wirtschaft Recht 14 (1985) 8, S. 175 ff.
VDI 78	Verein Deutscher Ingenieure (VDI) - Gesellschaft Konstruktion und Entwicklung (Hrsg.), Arbeitshilfen zur systematischen Produktplanung, 1. Aufl., Düsseldorf 1978.

6. KONZEPTION UND REALISIERUNG EINES WISSENSBASIERTEN SYSTEMS ZUR GENERIERUNG VON STRATEGIEEMPFEHLUNGEN

6.1. BESTEHENDE ANSÄTZE ZUM EINSATZ VON EXPERTENSYSTEMEN IN DER STRATEGISCHEN PLANUNG

Es existieren zahlreiche Aussagen über mögliche Anwendungen von Methoden der Künstlichen Intelligenz, insbesondere der Subdisziplin Expertensysteme, im Bereich der strategischen Planung. Die meisten dieser Äußerungen sind jedoch so wenig aussagekräftig wie die folgende aus Long Range Planning:

> "The strategic planning function has an inherent logic which requires a specialized tool for operation. This tool is slowly coming of age: it is Artificial Intelligence" (ORSINI 86, S. 71).

Aussagen über konkrete Anwendungen gehen über konzeptionelle Gedanken meist nicht hinaus. Im folgenden sollen einige Systeme skizziert werden, die zumindest prototypischen Charakter haben.

Das von Goul, Shane und Tonge entwickelte System hat das Ziel, die Problemerkennung in der strategischen Planung zu unterstützen und Methoden zu erläutern, die bei der Analyse des Problemkreises hilfreich sind (GOUL u.a. 85/86). Sie gehen davon aus, daß der Entscheider relevante Analysemethoden bzw. strategische Überlegungen nicht kennt und die Qualität der Entscheidung verbessert wird, wenn man ihm diese zur Verfügung stellt. So kann sich der Planer vom System beispielsweise anzeigen lassen, welche Charakteristika für eine Strategie der Kostenführerschaft gelten. Bei der Vorstellung dieser Überlegungen erläutert das System mit Hilfe eines Wörterbuches jene Begriffe, die der Benutzer als nicht verständlich auswählt. Zusätzlich stellt das System Fragen und schlägt auf Basis der gegebenen Antworten vor, welche zusätzlichen Überlegungen in die Analyse einbezogen werden könnten. Das System liefert keinen Vorschlag zur Entscheidungsvorbereitung auf Basis von im System enthaltenem Expertenwissen, sondern es handelt sich vielmehr um ein intelligentes Lernprogramm.

COLBERT ist ein Expertensystem (XPS) zur Auswahl von Exportstrategien für kleine und mittlere Unternehmen (PEGUIN 86). Es werden drei Gruppen von Eingabedaten unterschieden. Der erste Block beinhaltet unternehmensspezifische, der zweite produkt- und der dritte marktbezogene Informationen. In einer ersten Phase wird geprüft, ob grundsätzlich Exportchancen für ein Produkt bestehen. In der zweiten Phase macht das System Vorschläge für den auszuwählenden Markt. Wird beispielsweise ein Produkt bezüglich der Qualität besonders gut eingeschätzt und der Preis ist eher hoch, so wird die Bundesrepublik als möglicher Exportmarkt vorgeschlagen.

DECIDEX hat zum Ziel, alternative Vorgehensweisen, z.B. bei einer Neuprodukteinführung, zu untersuchen (LEVINE u.a. 86). Jede Alternative wird aufgrund mehrerer Kriterien, die der Benutzer am Bildschirm auswählt, bewertet. Die Bewertungen jeder einzelnen Alternative speichert DECIDEX. Die Einschätzungen der Kriterien werden an das für diese Kriteriengruppe verantwortliche Expertensystem weitergemeldet. Aufgabe der verschiedenen Expertensysteme (z.B. Nachfrageeinschätzung, Konkurrenzanalyse, Vertrieb, Risiko oder Verhalten der Zwischenhändler) ist, die vorgenommenen Einschätzungen auf Konsistenz zu überprüfen. Falls das Expertensystem inkonsistente Einschätzungen feststellt, weist es den Benutzer darauf hin. So soll vermieden werden, daß der Planer durch das intuitive Präferieren einer Entscheidung falsche Einschätzungen vornimmt. Würde z.B. die Nachfrage bei Vorgehensweise A völlig anders eingeschätzt als bei Vorgehen B, so würde das XPS dieses herausstellen. DECIDEX enthält zusätzlich eine Datenbank mit Protokollen von früheren Entscheidungen, die durch Textverarbeitung erstellt wurden. Das Schwergewicht des Expertensystemteils von DECIDEX liegt in der Erstellung konsistenter Bewertungen alternativer Vorgehensweisen.

Das Expertensystem Financial Advisor hilft bei der Planung, Formulierung und Bewertung aller Finanzentscheidungen eines Unternehmens (PALLADIAN o.J.). Es eignet sich insbesondere für folgende Einsatzgebiete:

- Erschließung neuer Märkte,
- Planung neuer Produktlinien,
- Make-or-buy-Entscheidungen und
- Kapazitätsentscheidungen.

Ziel des Modells ist es, schneller einen alle wesentlichen Aspekte enthaltenden Finanzplan aufzustellen, als dies ohne die Unterstützung durch ein XPS möglich ist. Es hilft dem Planer, Techniken für eine Finanzanalyse auf sein Problem anzuwenden. Das System besitzt Wissen aus verschiedenen Disziplinen wie z.B. dem Rechnungswesen, dem Steuerrecht oder dem Operations Research. Nach Angaben des Erstellers verfügt die Wissensbasis über alle gängigen Analysemethoden in den genannten Disziplinen (BAILEY 85, S. 32 ff.) Der Financial Advisor ist konzipiert als ein generisches Expertensystem, dem im Dialog zunächst die unternehmensspezifischen Annahmen für Finanzanalysen eingegeben werden müssen, wie z.B. Diskontierungszinssätze, Fremdkapitalkosten und steuerliche Rahmenbedingungen. Diese unternehmensspezifischen Daten werden in der Anwendung der verschiedenen Analysetechniken auf ein Projekt berücksichtigt. Zur Bestimmung des Projektwertes werden Barwerte, interner Zinsfuß oder Gewinn pro Aktie berechnet. Das mit dem Projekt verbundene Risiko kann in Form von What-if-Rechnungen z.B. mit verschiedenen Kostenstrukturen oder unterschiedlichen Verkaufspreisen analysiert werden. Ebenso hilft der Financial Advisor zu untersuchen, welche Auswirkungen zu erwarten sind, wenn ein Produkt nicht dem erwarteten Lebenszyklus folgt. Hierzu werden die Barwerte unter Berücksichtigung alternativer Restbuchwerte, Cash-flows und veränderter Investitionen berechnet. Bei der Analyse macht das System den Benutzer auf Inkonsistenzen in seinen Annahmen aufmerksam. Nimmt der Planer z.B. ein höheres Verkaufsvolumen des Produktes an als die Kapazität der Produktionsanlagen erlaubt, weist das System auf diese Inkonsistenz hin (PALLADIAN o.J., S. 6). Im Anschluß an What-if-Analysen erläutert das System auf Wunsch des Benutzers die Gründe für die veränderten Ergebnisse. Handelt es sich um eine ungewöhnliche Veränderung (der ROI hat sich beispielsweise auf 200 % verändert), so nimmt das System an, daß eine Erläuterung erwünscht ist, und gibt die Erklärung selbständig (BAILEY 85, S. 33). Änderungen der über das Benutzermodell eingegebenen Daten sind jederzeit möglich. Nach Veränderungen, beispielsweise der unternehmensweit angenommenen Kapitalkosten, wird jedoch bei der Darstellung der Ergebnisse auf diese Modifizierungen hingewiesen (PALLADIAN o.J., S. 6).

Das System ist als intelligentes Tabellenkalkulationsprogramm zu charakterisieren, welches eine Vielzahl von abrufbaren Methoden bereitstellt und sich durch eine besonders benutzerfreundliche mausgesteuerte Oberfläche auszeichnet.

Der Marketing Strategy Assistant (MSA) wurde als ein Expertensystem-Prototyp entwickelt, um Entscheidungen im Rahmen eines Simulationsspiels zu treffen (STENDER 86). Die Simulation umfaßt fünf Unternehmen mit je drei Produkten in verschiedenen Regionen. Die Anwendung des Expertensystems ist auf diesen Kontext beschränkt. Die

Ergebnisse der Simulation verwendet das Expertensystem als Eingabedaten. Der MSA unterscheidet vier Strategien: "Halten-", "Nischen-", "Liquidations-" und "Hoher Marktanteil-Strategie". Verfolgt der MSA die Strategie einer Qualitäts- und einer regionalen Nische, wird z.B. folgende Regel zur Werbung angewandt: "Gebe 10% mehr als der Durchschnitt der anderen Unternehmen der Region für Werbemaßnahmen aus". Der Einsatz des MSA ist auf das Simulationsmodell beschränkt. Er wurde mit dem Ziel konzipiert, erste Erfahrungen mit dem Anwendungsbereich zu gewinnen und auf dieser Basis eine allgemeingültige Repräsentationssprache für Probleme dieser Art zu entwickeln.

Müller-Wünsch hat einen Prototyp für ein Expertensystem zur Unterstützung der strategischen Produktplanung realisiert (MÜLLER-WÜNSCH 86). Er wurde auf einer Arbeitsstation XEROX 1186 mit der Entwicklungsumgebung KEE (Knowledge Engineering Environment) realisiert. KEE zeichnet sich durch eine benutzerfreundliche Bedienerschnittstelle aus und ist in die Klasse der hybriden Tools einzuordnen (HARMON 86). Grundlage des Modells ist eine Neun-Felder-Portfolio-Matrix mit den Dimensionen Marktattraktivität und relative Wettbewerbsposition. Für die Bestimmung der Werte der beiden Portfoliodimensionen wird eine begrenzte Zahl von Indikatoren verwendet. Abbildung 6.1./1 zeigt die Bewertungsmaske der Indikatoren sowohl für die relative Wettbewerbsposition als auch für die Marktattraktivität. Der Benutzer nimmt die Einschätzung eines Geschäftes vor, indem er durch Maussteuerung am Bildschirm eine Ausprägung der Indikatoren auswählt. Danach wertet das System diese ohne weiteren Dialog mit dem Planer aus. Rückwärtsverkettend werden unter Verwendung der Eingabedaten die Werte der Planungsdimensionen ("Hoch", "Mittel" oder "Niedrig") bestimmt. Für jeden Wert, den die Planungsdimensionen annehmen können, sind Regeln definiert, die die Voraussetzungen für hohe, mittlere oder niedrige Marktattraktivität bzw. Wettbewerbsposition enthalten. Abbildung 6.1./2 zeigt einen Ausschnitt aus dem Derivation-tree zur Bestimmung der Marktattraktivität. Um den gesamten Lösungsraum zu erschließen, müssen alle Kombinationen von Indikatorenausprägungen vollständig enumeriert und in Regeln abgebildet werden. Ist eine Regel nicht vorhanden, erfragt das System eine Bewertung der Eingabedaten vom Benutzer. Es wird damit der Versuch gemacht, die Wissensakquisition in den Bewertungsprozeß zu integrieren. Nachdem die Werte für die Planungsdimensionen ermittelt wurden, gibt das XPS die zugehörige Normstrategie aus. Zusätzlich ist auch die grafische Ausgabe des Ist-Portfolios möglich. Die Normstrategien werden durch Zusatzstrategien verfeinert. Hierzu verwendet das System die Bewertungen der Indikatoren. Datengetrieben wird untersucht, ob die Be-

Abb. 6.1./1	Eingabebereich für die qualitativen und quantitativen Markt- und Wettbewerbsdaten einer SGE (MÜLLER-WÜNSCH 86, S. 7)

Eingabe für die SGE: LIMOUSINEN

Marketingpotential	**Rohstoffabhängigkeit d. Marktes**
SCHLECHT	INSTABIL
AUSBAUFAEHIG	**KONJUNKTURABHAENGIG**
GROSS	GESICHERT
Innovationsklima d. Mitarbeiter	**Stand der Forschung**
KONSERVATIV	GERINGE.FORSCHUNG
	AUFTRAGSFORSCHUNG
INNOVATIV	**EIGENE.FORSCHUNG**
prozent. Marktwachstum / **Relativer Marktanteil**	**Qualität der Personalführung**
10 / 72	UNTERNEHMENSHINDERLICH
	UNTERNEHMENSFOERDERLICH
Energieabhängigkeit d. Marktes	**Konjunkturabhängigkeit Markt**
INSTABIL	ANTIZYKLISCH
KONJUNKTURABHAENGIG	UNABHAENGIG
SICHER	**ZYKLISCH**
Sachanlagenstruktur	**Eigenkapitalrentabilität Markt**
VERALTET	SCHLECHT
STANDARD	DURCHSCHNITTLICH
HOCH-TECHNISIERT	**HOCH**
Marktform	**Prozesswirtschaftlichkeit**
POLYPOL	GERING
OLIGOPOL	UNAUSGELASTET
MONOPOL	**EFFIZIENT**
Marktvolumen	**Cash Flow**
HOCH	NEGATIV
DURCHSCHNITTLICH	AUSGEGLICHEN
NIEDRIG	**POSITIV**

Abb. 6.1./2 Ausschnitt aus dem Derivation-tree des Backward-chainers in KEE für die Bestimmung der Marktattraktivität (MÜLLER-WÜNSCH 86, S. 9)

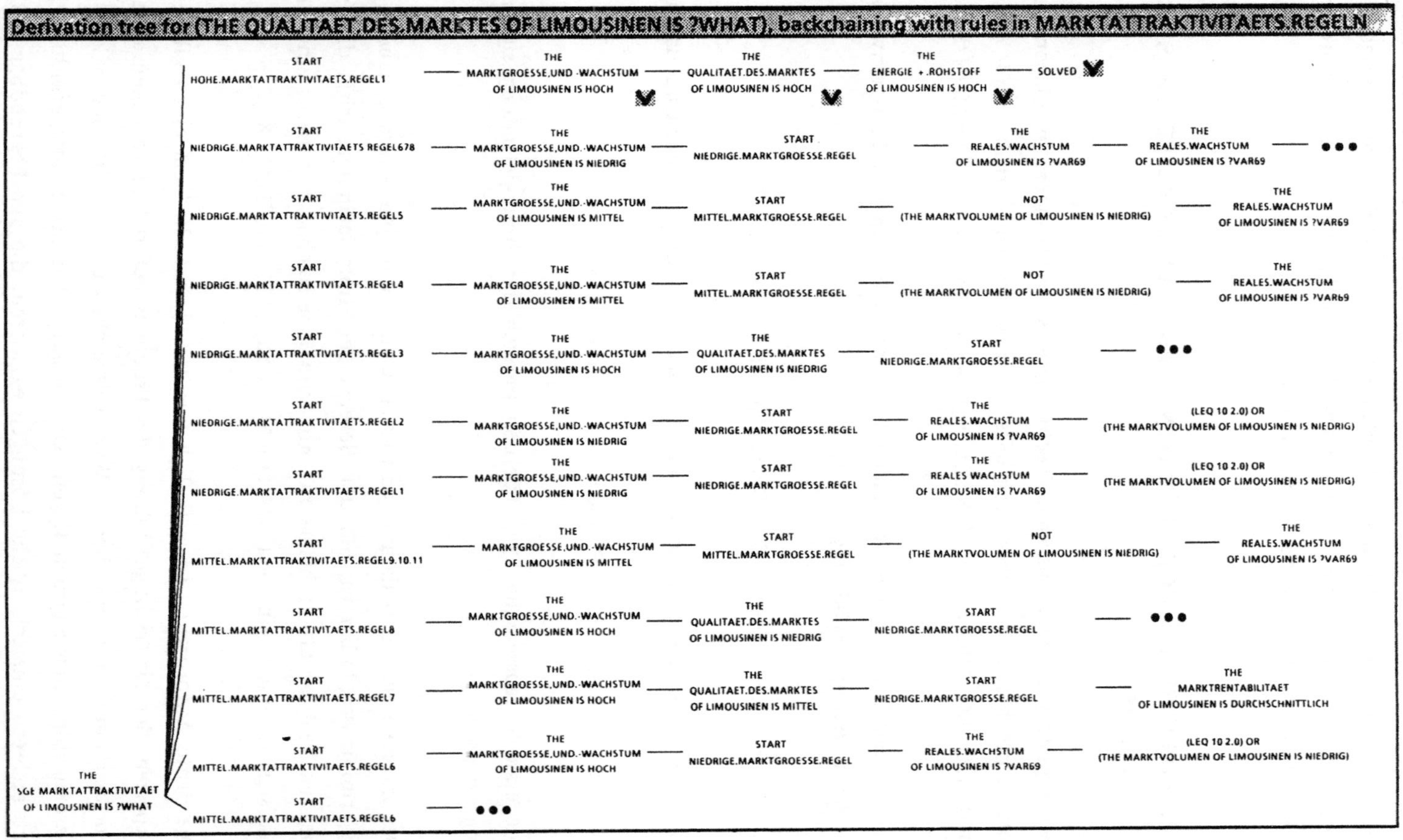

dingungen für einen Verfeinerungstext vorliegen. Nach Abschluß des Analyseprozesses werden die Normstrategie und die entsprechenden Verfeinerungen ausgegeben. Da der vorgestellte Prototyp dem im folgenden dargestellten verwandt ist, wird in Abschnitt 6.6.4. noch einmal vergleichend darauf eingegangen.

6.2. VORAUSSETZUNGEN FÜR DEN AUFBAU EINES WISSENSBASIERTEN SYSTEMS

Der Einsatz von Expertensystem-Technologie ist insbesondere in solchen Bereichen erfolgversprechend, in denen folgende Voraussetzungen erfüllt sind (PRERAU 85, DUDA/GASCHNIG 81, zu XPS allg. vgl. WATERMAN 86, HARMON/KING 86):

1) Der Bereich ist gekennzeichnet durch den Gebrauch von Expertenwissen, Urteilsvermögen und Erfahrung.

2) Die Aufgabe erfordert den Gebrauch von Heuristik.

3) Experten sind vorhanden und in der Lage, ihr Wissen systematisch darzustellen.

4) Das zu untersuchende Problem muß abgrenzbar sein.

Die erste Voraussetzung kann für den Bereich der Strategiefindung sicher als erfüllt angenommen werden.

Der zweite Punkt zielt darauf, daß es sich nicht um eine Aufgabe handelt, die streng deterministisch lösbar ist. Für den Bereich der Strategiefindung trifft dies wie für die meisten "real-world"-Probleme zu, mit Ausnahme solcher, für die es eindeutige mathematische Lösungen gibt (vgl. WATERMAN 86, S. 30, PRERAU 85).

Die dritte Anforderung ist sicherlich nur bedingt erfüllt. Zum einen gibt es nicht den Experten, der die "richtige" Lösung des Problems liefert und von allen anderen Experten anerkannt wird, wie dies in Wissensbereichen der Fall ist, denen klar erkennbare Gesetzmäßigkeiten zugrundeliegen. Die Situation bei der Strategiefindung ist eher so, daß mehrere unterschiedliche Lösungen existieren, die alle begründbar sind. Nur eine begrenzte Anzahl von Personen wird in der Lage sein, sich auf eine Wissensbasis zu einigen. Als Konsequenz ergibt sich, daß eine einmal entwickelte Wissensbasis nicht allgemeingültig ist, wie dies eher bei einem medizinischen Expertensystem der Fall ist. Die Wissensbasis wird deshalb nur für ein Unternehmen oder gar für eine Person gültig sein.

Zum anderen sind die vorhandenen Experten nur bedingt in der Lage, ihr Wissen zu artikulieren und die Art ihres Problemlösungsansatzes zu beschreiben. Die Literatur liefert nur in sehr begrenztem Umfang Wissen, welches sich für den Aufbau eines Expertensystems einsetzen läßt. Dies hat mehrere Gründe:

- Strategien sind von ihrer Idee her innovativ. Der Versuch, Regeln (also feste Schemata) zur Formulierung kreativer Strategien zu finden, kann deshalb nur von begrenztem Erfolg sein. Die Beachtung von Regeln kann aber dabei helfen, gut begründete Strategien zu entwickeln. Ein wissensbasiertes System kann für typische Situationen eine plausible Entwicklungsrichtung vorschlagen, die inhaltlich noch erweitert werden muß, um den spezifischen Umständen Rechnung zu tragen.

- Ein anderer Grund liegt darin, daß die strategische Planung noch nicht so lange Objekt betriebswirtschaftlicher Forschung ist, wie dies in anderen Bereichen der Fall ist. Deshalb ist das Wissen über Methoden auch noch nicht so weit entwickelt und dokumentiert. Es muß jedoch Aufgabe der Betriebswirtschaftslehre sein, auch für strategische Entscheidungen dieses Wissen zu entwickeln (vgl. auch GRIMM 83, S. 271).

Die vierte Voraussetzung trifft nicht zu, wenn man die strategische Planung als Ganzes betrachtet. Ein Wesensmerkmal der strategischen Planung ist, daß der zu betrachtende Bereich eben nicht eng abgrenzbar ist. Dies schließt jedoch nicht aus, Teilgebiete von handhabbarem Umfang auszugrenzen und mit Expertensystemen zu unterstützen.

Gründe, die für den Einsatz eines Expertensystems auch im Rahmen der strategischen Planung sprechen, sind insbesondere:

- Als relevant erkannte Faktoren und Überlegungen werden in allen Entscheidungssituationen berücksichtigt. Die Dokumentation des Wissens und der Einschätzungen erlaubt Entscheidungen nachzuvollziehen. Eine Strukturierung des Wissens ermöglicht auch, Bewertungen an Spezialisten zu delegieren, die wiederum gezwungen werden, ihre Meinung offenzulegen. Das Gewicht rhetorischer Fähigkeiten in der Strategiediskussion kann so teilweise zurückgedrängt werden.

- Das Know-how bleibt auch bei Verlust des menschlichen Experten erhalten.

- Die Auswirkungen strategischer Entscheidungen sind hoch.

Um den genannten Voraussetzungen Rechnung zu tragen, insbesondere um den Bereich auf ein handhabbares Gebiet einzugrenzen, werden die Portfolio-Ansätze als eine Basis zur Generierung von Strategieempfehlungen herausgegriffen. Der vielfältige Einsatz der Portfolio-Methode hat auch dazu geführt, daß ein großer und dokumentierter Erfahrungsschatz vorliegt, der erst den Aufbau eines wissensbasierten Systems möglich macht.

6.3. PORTFOLIO-ANSÄTZE ZUR STRATEGIEFINDUNG

6.3.1. GRUNDIDEE

Wesensmerkmal der Portfolio-Konzepte ist es, komplexe Zusammenhänge auf eine zweidimensionale Matrix zu reduzieren. Sie liefern so eine einfache Methode, verschiedene Geschäftsfelder gemäß ihrer Stellung im Markt zu positionieren. Den verschiedenen Bereichen der Matrix werden Normstrategien zugeordnet, die Anhaltspunkte liefern sollen, wie die einzelnen Geschäftsfelder unter strategischen Gesichtspunkten zu behandeln sind.

Die Achsen der Matrix stellen vom Unternehmen beeinflußbare Faktoren (im Grenzfall nur je einen z.B. Marktwachstum und Marktanteil) unbeeinflußbaren Größen gegenüber. Es wird versucht, Stärken/Schwächen und Chancen/Risiken unter zwei Dimensionen zu subsumieren. Hierbei nimmt man an, daß es sich bei den ausgewählten Faktoren zur Bewertung der beiden Dimensionen um die für den betrachteten Bereich strategisch relevanten handelt. Die Qualität der aus der Positionierung abgeleiteten Strategieempfehlung hängt also vom Zutreffen dieser Annahme ab (COENENBERG/BAUM 86). Die Formulierung dieser kritischen Erfolgsfaktoren ist deshalb eine entscheidende Voraussetzung für den erfolgreichen Einsatz der Methode.

Die abgeleiteten Normstrategien repräsentieren typische Situationen. Sie liefern also nur Handlungsmuster. Sie müssen für die Umsetzung einer Strategie auf die spezifische Situation inhaltlich konkretisiert werden.

6.3.2. AUSPRÄGUNGEN

Zur Portfolio-Analyse gibt es eine Vielzahl unterschiedlicher Versionen. Sie versuchen, der Tatsache Rechnung zu tragen, daß ein Konzept nicht alle für verschiedene Situationen relevanten Kriterien integrieren kann. So entstanden zum einen Portfolio-Konzepte, die durch die Verwendung weniger spezifischer Kriterien eng auf besondere Situationen zugeschnitten waren. Ihr Nachteil liegt darin, daß die Annahme, alle wichtigen Indikatoren einbezogen zu haben, um so schwerer aufrecht zu erhalten ist, je weniger Einflußfaktoren berücksichtigt werden. Zum anderen wurden Ansätze entwickelt, die eine differenzierte Betrachtung der Dimensionen durch Integration möglichst vieler Größen erlaubten. Diese Erweiterung hat jedoch eine Grenze, da es notwendig ist, die Anzahl der Kriterien aus Praktikabilitätsgründen relativ gering zu halten.

Der wohl bekannteste Portfolio-Ansatz ist die Matrix der Boston Consulting Group. Er reduziert die Zahl der Einflußfaktoren auf Marktwachstum und (relativen) Marktanteil (HEDLEY 77). Notwendige Voraussetzung für den Einsatz dieses Instrumentes ist, daß die Bedingungen des zugrundeliegenden Erfahrungskurvenkonzeptes erfüllt sind. Bei der geringen Differenzierung kann die Annahme, die entscheidenden Erfolgsfaktoren integriert zu haben, nur in wenigen Situationen akzeptiert werden. Geringer Erfolg von Unternehmen mit hohem Marktanteil (und umgekehrt) wird durch dieses Konzept beispielsweise nicht erfaßt.

Das Branchenattraktivitäts-/Geschäftsfeldstärken-Portfolio ist ein Beispiel dafür, durch eine individuellere Festlegung der erfolgsentscheidenden Faktoren das Konzept auch dort einsetzbar zu machen, wo die strengen Voraussetzungen des BCG-Ansatzes nicht mehr erfüllt sind. Zudem wird angestrebt, durch das Einbeziehen mehrerer unterschiedlicher Einflußgrößen der Tatsache Rechnung zu tragen, daß sich strategisches Denken nicht auf zwei bestimmende Faktoren reduzieren läßt (CLIFFORD u.a. 75).

Das Technologie-Portfolio bringt mit den Dimensionen Technologieattraktivität und (technologische) Ressourcenstärke eine grundsätzlich neue Komponente in die Bewertung ein (vgl. Abbildung 6.3.2./1 in Anlehnung an PFEIFFER u.a. 82). Es geht von der Überlegung aus, daß die technische Entwicklung eine - oder sogar die - zentrale Einflußgröße ist, die den Wettbewerb nicht nur in Hochtechnologiebranchen bestimmt. Dieser Faktor blieb bei den verschiedenen Versionen des Markt-Portfolios unberück-

Abb. 6.3.2./1	Technologie-Portfolio

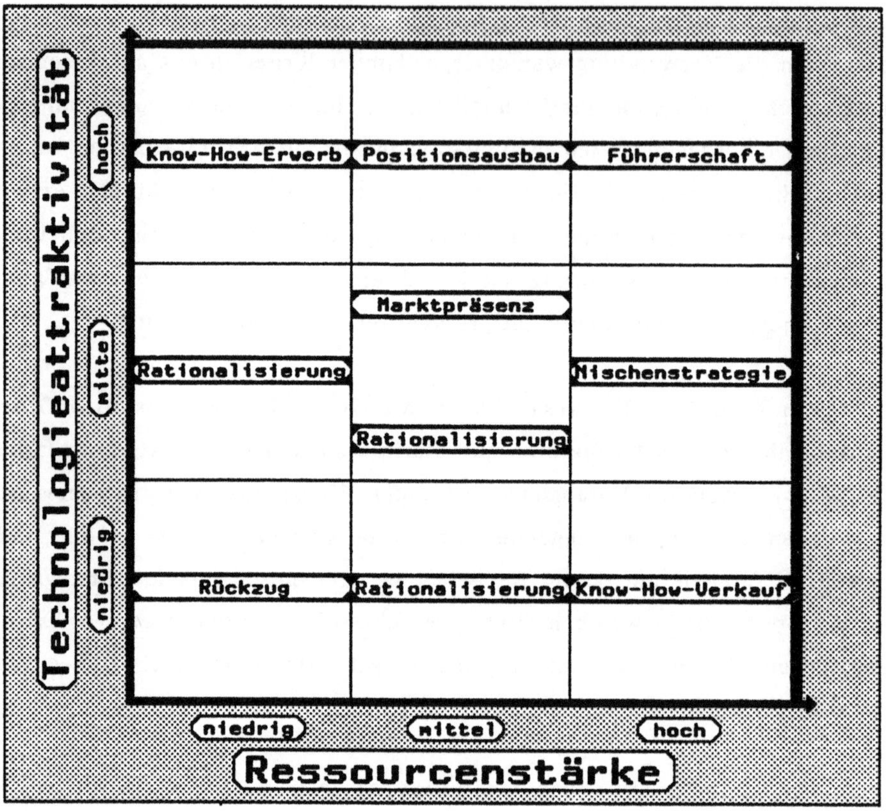

sichtigt (PFEIFFER u.a. 82, S. 77). Zudem bezieht es eine andere Zeitkomponente ein, da die technologischen Entwicklungen den marktlichen Auswirkungen tendenziell vorauslaufen. Es liefert so einen Ansatz, technologisch induzierte Veränderungen mit zu berücksichtigen.

6.4. SCHWÄCHEN DER PORTFOLIO-ANSÄTZE

Neben den in Abschnitt 6.3. genannten grundsätzlichen Grenzen der Portfolio-Konzepte (für eine detailliertere Betrachtung vgl. PORTER 82) haben sie einige spezifische Schwächen.

6.4.1. OBERFLÄCHLICHKEIT DER ANALYSE

6.4.1.1. FEHLENDE BERÜCKSICHTIGUNG MEHRERER DIMENSIONEN

Die in Abschnitt 6.3.3. skizzierten Ansätze enthalten nur zwei Dimensionen, die als bestimmend für die Einschätzung einer strategischen Situation angenommen werden. Im Markt-Portfolio werden technologische Aspekte völlig ausgeklammert und umgekehrt. Für eine möglichst wirklichkeitsnahe Analyse ist es jedoch erforderlich, mehr als nur zwei grundsätzlich verschiedene Faktoren zu berücksichtigen.

6.4.1.2. FEHLENDE BERÜCKSICHTIGUNG ZAHLREICHER EINFLUSS-FAKTOREN

Die Güte der Positionierung und die daraus abzuleitende Strategieempfehlung hängen davon ab, inwieweit die relevanten Erfolgsfaktoren berücksichtigt wurden. Aus der Natur des zu lösenden Problems heraus ist es sicherlich nicht denkbar, alle relevanten Größen auszuweisen. Eine große Zahl von Erfolgsfaktoren würde jedoch eine fundiertere Positionierung erlauben.

Je umfangreicher die Faktorenkataloge werden, desto länger und mühsamer wird der Bewertungsprozeß. Es ist jedoch anzunehmen, daß nicht in allen Situationen die Gesamtzahl der ausgewählten Faktoren berücksichtigt werden muß. Schon nach der Bewertung einiger Schlüsselindikatoren kann die Positionierung indifferent bezüglich der Berücksichtigung weiterer Faktoren sein. Andererseits ist es auch möglich, daß durch die Art der Bewertung eines Faktors andere erst relevant werden.

6.4.2. MISSACHTUNG DER INTERDEPENDENZ VON BEWERTUNGSFAKTOREN

Bei wachsender Komplexität des Faktorensystems werden die erfaßten Indikatoren immer spezifischer und detaillierter. Zwischen den Indikatoren treten vielfältige Interdependenzen auf. Entscheidender als die Auflistung umfangreicher Faktorensysteme ist die Berücksichtigung möglicher Zusammenhänge zwischen einzelnen Faktoren (SZYPERSKI/WINAND 78, WILDE 84, S. 222). So kann die unabhängige Betrachtung zweier einzelner Einflußfaktoren zu anderen Schlußfolgerungen führen als die gemeinsame Betrachtung im Kontext. Auch die Festlegung der relativen Gewichte, mit denen die Einzelindikatoren in die Dimensionen einfließen, kann nicht global, sondern nur situationsabhängig erfolgen.

6.4.3. INFORMATIONSVERLUST DURCH AGGREGATION

Verwendet man umfangreiche Faktorensysteme zur Bestimmung der Achsen der Portfolio-Matrix, so müssen die einzelnen, spezifischen Indikatoren beispielsweise analog einer Nutzwertanalyse mittels Gewichtungsfaktoren zu einer Bewertung zusammengefaßt werden. Dies führt dazu, daß eine extreme Bewertung zweier Faktoren den gleichen Effekt hat wie eine mittlere Bewertung.

Es kann durchaus die Situation eintreten, daß zwei Geschäfte im Grenzbereich zweier Normstrategien positioniert werden und sich ihre aggregierten Bewertungen nur marginal voneinander unterscheiden, obwohl die Struktur der vorgenommenen Bewertungen Anhaltspunkte für unterschiedliche Handlungsempfehlungen liefert.

6.5. AUFBAU EINES SYSTEMS ZUR GENERIERUNG VON STRATEGIE-EMPFEHLUNGEN

6.5.1. INFORMATIONSQUELLEN

Zum Aufbau der Wissensbasis wurden folgende Informationsquellen ausgewertet:

- die umfangreiche Literatur, die zu den Portfolio-Ansätzen vorliegt (nur exemplarisch: CLIFFORD u.a. 75, HEDLEY 77, HINTERHUBER 80, MAUTHE/ROVENTA 82, PFEIFFER u.a. 82, DUNST 83, GRIMM 83).

- die in Zusammenarbeit mit der MAN Nürnberg im Rahmen des Einsatzes der Portfolio-Methode gewonnenen Erkenntnisse (ROSENTHAL/PLATTFAUT 84).

Die Wissensbasis ist auf die Struktur der Planungsaufgaben bei der MAN zugeschnitten und kann deshalb, wenn überhaupt, nur auf Unternehmen mit ähnlicher Struktur in Produkt- und Technologiespektrum verallgemeinert werden.

6.5.2. STRUKTUR DER WISSENSBASIS

6.5.2.1. GENERIERUNG VON STRATEGIEEMPFEHLUNGEN DURCH KOMBINATION VERSCHIEDENER PORTFOLIO-ANSÄTZE

6.5.2.1.1. GENERIERUNG GRUNDSÄTZLICH NEUER STRATEGIEEMPFEHLUNGEN

Ein Ansatz zur Formulierung von Strategieempfehlungen besteht darin, sie automatisch durch Kombination vieler Teilempfehlungen zu generieren. Dazu werden die Dimensionen und Indikatoren in Abhängigkeit von ihrer Bewertung mit strategischen Empfehlungen verknüpft. Voraussetzung wäre jedoch die Kenntnis eines Konfliktlösungsalgorithmus, der für die Konsistenz der Gesamtstrategie sorgt. Ein solcher Algorithmus ist aber nicht bekannt. Notwendig dafür wäre, daß eine formale Beschreibung der strategischen Empfehlungen und ihrer Konsistenzbedingungen gefunden wird, d.h., Teilstrategien durch Handlungen, Aktionen, Prämissen etc. adäquat repräsentiert und ihre Interdependenzen formuliert werden können. Um auch nur Ansätze hierfür zu entwickeln, ist erheblicher Forschungsaufwand notwendig.

6.5.2.1.2. AUSWAHL AUS EINER MENGE VORGEGEBENER STRATEGIEEMPFEHLUNGEN

Eine Alternative zur generischen Strategieformulierung ist die Auswahl aus vorformulierten und auf Konsistenz geprüften Strategieempfehlungen, die für typische Situationen einen "robusten ersten Schritt" beinhalten. Durch Bewertung der einzelnen Indikatoren ergibt sich eine Beurteilung der Planungsdimensionen. Diese repräsentieren die strategische Einschätzung eines Produktes und bestimmen die Strategie.

Für jede mögliche Kombination von strategischen Positionen müssen die entsprechenden Strategieempfehlungen formuliert und auf Widerspruchsfreiheit geprüft werden. Mit einer wachsenden Zahl unterschiedlicher Planungsdimensionen wächst der Konstruktionsaufwand deshalb exponentiell. Bei einer 3x3-Matrix sind neun, bei zwei 3x3-Matrizen schon 81 Strategieempfehlungen notwendig (vgl. Abbildung 6.5.2.1.2./1).

Abb. 6.5.2.1.2./1	Kombination zweier Portfolios

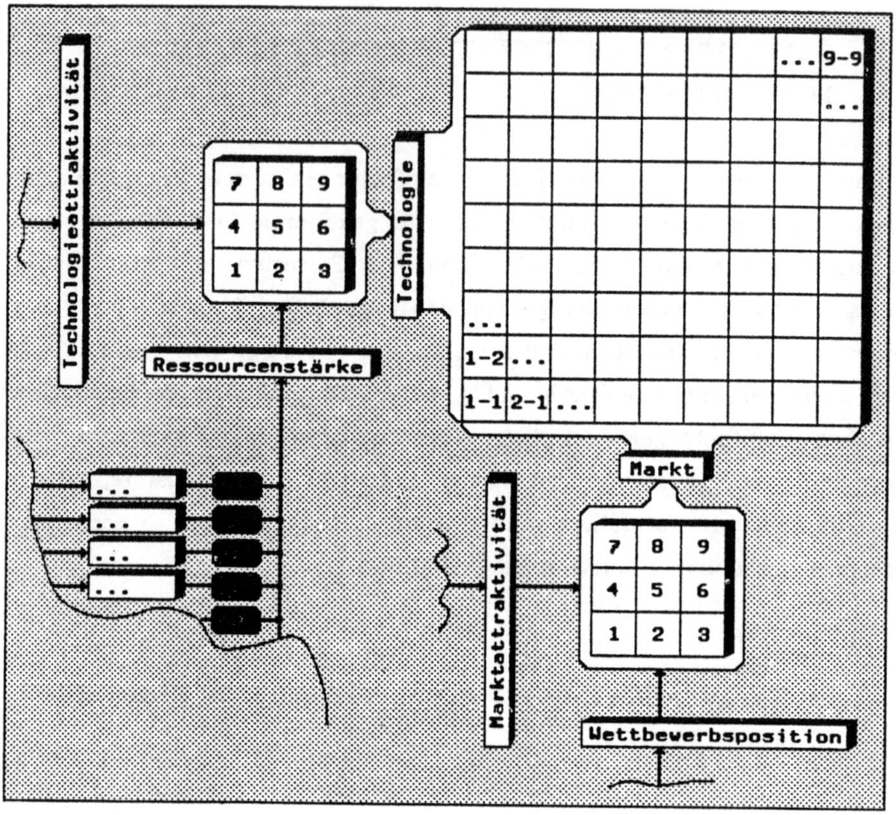

6.5.2.2. DAS PLANUNGSMODELL STRATEX

6.5.2.2.1. STRUKTUR DES PLANUNGSMODELLS

Ausgangspunkt bei der Entwicklung des Planungsmodells, im folgenden STRATEX genannt, ist die Kombination eines Markt-Portfolios und eines Technologie-Portfolios. Es handelt sich um ein vierdimensionales Planungsmodell (Zur Verknüpfung des Technologie- mit dem Markt-Portfolio vgl. auch WILDEMANN 86, S. 19).

Die Zusammensetzung der Strategieempfehlung ist verfeinert worden (vgl. Abbildung 6.5.2.2.1./1). Aus den Strategien der beiden Portfolios ergeben sich neun marktliche

Abb. 6.5.2.2.1./1 Strategiebildung im Planungsmodell STRATEX

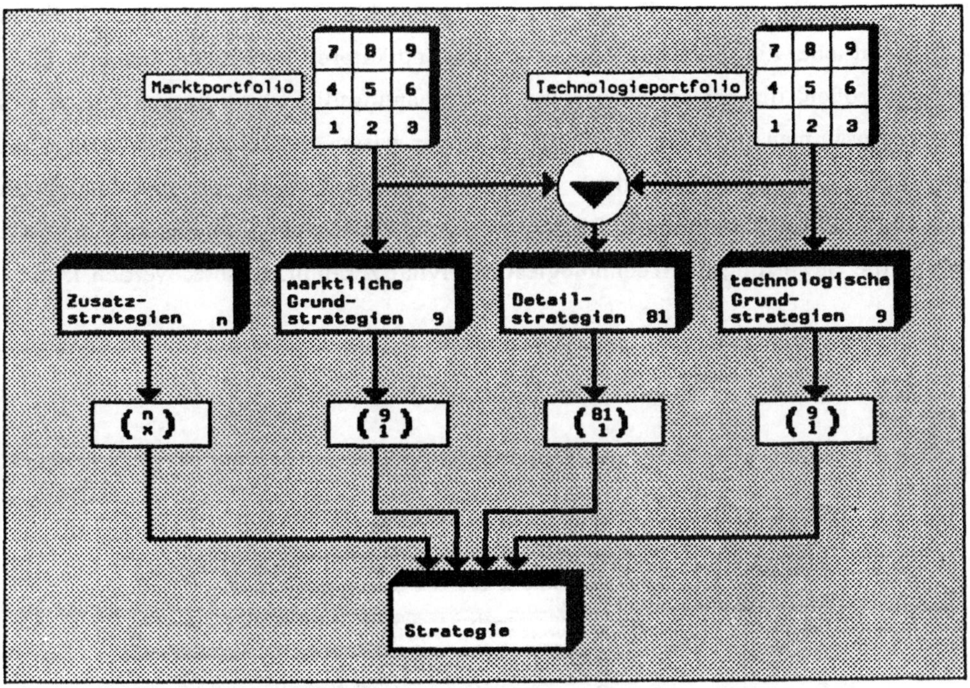

und neun technologische Grundstrategien, von denen jeweils eine in die Gesamtstrategie einfließt. Diese werden durch eine von 81 Detailstrategien ergänzt, die auf Basis der Kombination der beiden Portfolios gebildet wurden. Die Detailstrategien setzen sich aus einem Handlungsempfehlungen enthaltenden und einem diese aufgrund der vorliegenden Planungssituation begründenden Teil zusammen. Weitere Teilstrategien, die direkt von der Bewertung einzelner Indikatoren abhängen, werden über Nebeneffekte in die Gesamtstrategie eingebracht. In diesen Zusatzstrategien wird auf besondere Situationen hingewiesen, die sich aus der speziellen Konstellation von Bewertungen ergeben. Sie stellen einen ersten Schritt in die in Abschnitt 6.5.2.1.1. beschriebene Richtung der automatischen Generierung von Strategieempfehlungen dar.

6.5.2.2.2. BEWERTUNG DER PLANUNGSDIMENSIONEN

Größen wie die Technologieattraktivität sind direkt nur schwer zu bewerten, und es besteht die Gefahr, erfolgsentscheidende Einflußfaktoren nicht zu berücksichtigen. Durch die Einführung von Fragebäumen wird die Einschätzung der Portfoliodimensionen vereinfacht. Ziel der Fragebäume ist, die Indikatoren explizit zu nennen, d.h. diejenigen Größen, die bei der Bewertung einer Planungsdimension berücksichtigt werden müssen, zusammen mit einer Methode zur Aggregation festzulegen. Sie stellen gleichzeitig auch sicher, daß einmal als relevant erkannte Planungsfaktoren auch wirklich betrachtet werden. Abbildung 6.5.2.2.2./1 zeigt in Form eines Fragebaums, aus welchen Größen die Bewertung der Technologieattraktivität zusammengesetzt werden kann.

Abb. 6.5.2.2.2./1	Fragebaum für die Technologieattraktivität

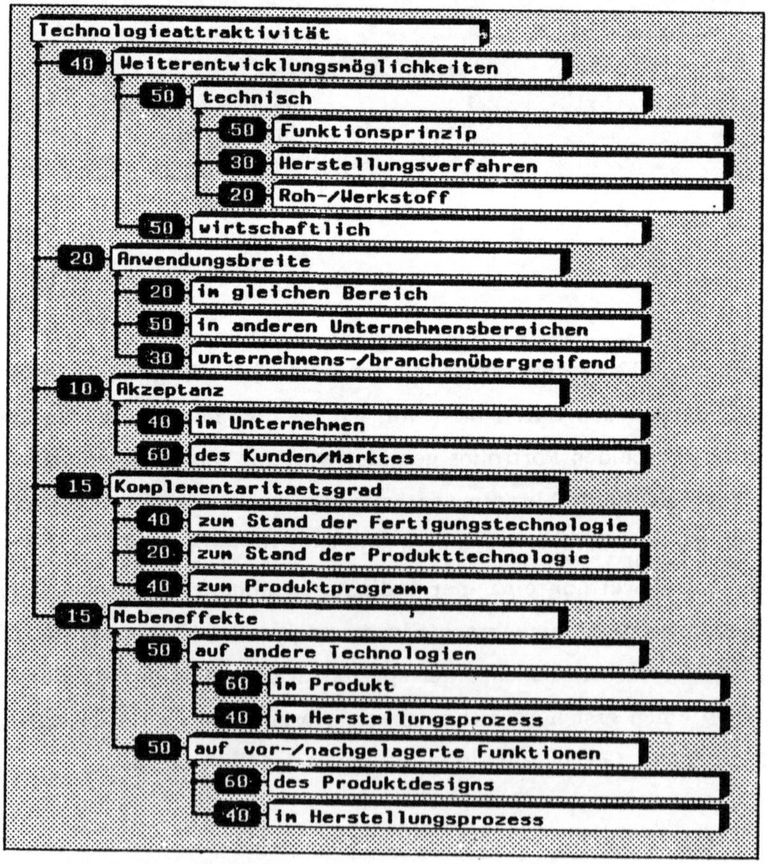

Zulässige Bewertungen für die Indikatoren sollen alle aus der Wertemenge (niedrig, mittel, hoch) sein. Diese Wertemenge wurde hier erweitert auf den Bereich von minus fünf bis plus fünf. Als Aggregationsmethode dient die gewichtete Mittelwertbildung unter Einbezug der im Fragebaum dargestellten relativen Gewichte (Abbildung 6.5.2.2.2./2). Auf der Ebene der Planungsdimensionen werden die Einschätzungen durch Äquivalenzklassenbildung in diskrete Werte überführt, um die Zuordnung zu den Normstrategien zu ermöglichen.

Abb. 6.5.2.2.2./2	Transformation der Bewertungen in diskrete Werte durch Äquivalenzklassenbildung

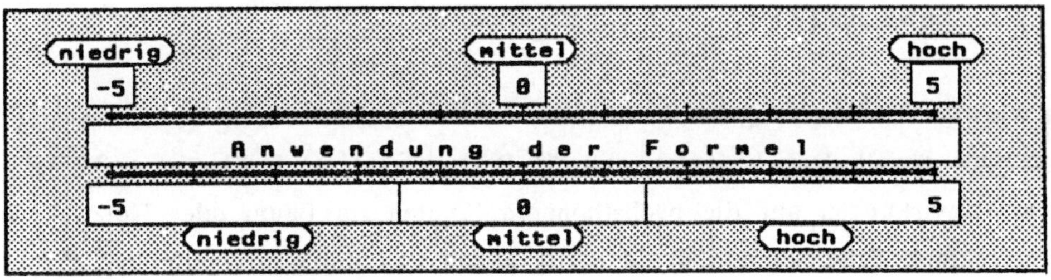

Alternativen zur gewichteten Mittelwertbildung als Aggregationsform wären z.B.:

- Auswahl der niedrigsten Bewertung (Abstraktion über Verhinderungsfaktoren),
- Auswahl der höchsten Bewertung (Abstraktion über Verstärkungsfaktoren),
- Differenz zwischen höchster und niedrigster Bewertung. Indikatoren, die stark voneinander abweichende Einschätzungen erhalten haben, würden so herausgefiltert und könnten als Diskussionspunkte herausgestellt werden.

Neben der eigentlichen Bewertung der Blätter der Teilbäume wird auch die Konfidenz des Bewerters in seine eigene Aussage erfaßt. Er kann durch Vergabe von Zahlen im Intervall von 0 bis 100 ausdrücken, wie sicher er sich bei der Bewertung des Indikators ist. Die Eingabe dieses Faktors ermöglicht es ihm, zwischen der Einschätzung einer Situation bzgl. eines Indikators (z.B. "minus fünf" bzw. "Schlecht") und dem Vertrauen, welches er selbst in diese Einschätzung hat, zu differenzieren. Der Konfidenzwert der Strategieempfehlung wird aus den Konfidenzwerten der Indikatoren bestimmt. Er dient als ein Maß für die Unsicherheit mit der die Punktschätzung behaftet ist.

Eine interessante Variante zur Bewertung von niedrig bis hoch wäre die Kopplung des Wertebereichs an bereits verfügbare, reale Meßgrößen. Ein Beispiel für eine solche Größe stellt der relative Marktanteil dar, der als Prozentwert vorliegt. Falls das Planungsmodell die Einschätzung eines Prozentwertes als hoch, mittel oder niedrig selbst vornimmt, könnte der Bewerter von diesem Prozeß entlastet werden. Er wäre dabei gezwungen, statt einer qualitativen Einschätzung präzise Angaben zu machen. Dies würde die Qualität der Bewertungen wahrscheinlich verbessern. Voraussetzung hierfür ist, daß die Transpositionsfunktion zur Anpassung der Wertebereiche für die relevanten Märkte existiert. Andernfalls ist die Flexibilität eingeschränkt, da die Wissensbasis nur für einen bestimmten Markt gültig wäre.

6.5.2.2.3. NEBENEFFEKTE

Eine wichtige Verbesserung des Planungsmodells wird durch die Verwendung von Nebeneffekten erzielt. Dies bedeutet, daß die Bewertung eines Indikators außer den direkten Auswirkungen auf die nächsthöheren Knoten im Baum oder Netzwerk auch Seiteneffekte besitzen kann, die die Bewertungen von Indikatoren und das Planungsmodell selbst verändern. Man erhält ein Planungsmodell, welches sich in Abhängigkeit von vorgenommenen Bewertungen dynamisch verändert.

Nebeneffekte treten nur unter bestimmten Bedingungen auf. Im allgemeinen wird Prädikatenlogik erster Ordnung zur Formulierung dieser Bedingungen zugelassen. Die Prädikatenmenge der Logik enthält u.a. arithmetische Vergleiche von Konstanten und Indikatorenwerten und -gewichten. Die Effekte selbst werden durch auszuführende Aktionen beschrieben.

6.5.2.2.3.1. ÄNDERUNG DER GEWICHTUNG

Die Änderung von Gewichten als Aktion eines Nebeneffektes bewirkt, daß Planungsindikatoren wachsenden oder fallenden Einfluß auf die Gesamtstrategien bekommen und damit Werte anderer Indikatoren indirekt ändern.

Wird bei den Fragen zur Bestimmung der Marktattraktivität die Konkurrenzsituation negativ beurteilt, z.B. weil es sich um einen von vielen leistungsfähigen Unternehmen intensiv bearbeiteten Markt handelt, dann kann damit gerechnet werden, daß die Gewinnerwartung ebenfalls eher niedrig anzusetzen ist. Diese beiden Faktoren sollten nicht zu großen (negativen) Einfluß auf die Bewertung erhalten, da eine besonders positiv eingeschätzte zukünftige Nachfrage diesen Effekt u.U. überkompensieren kann. In einer derartigen Situation sollte das Gewicht des Faktors "zukünftige Nachfrage" wachsen, für den Indikator "Gewinnerwartung" sinken. Dies wird durch das "Feuern" einer Regel erreicht (Abbildung 6.5.2.2.3.1./1). Eine solche wirkt wie ein Schaltwerk, das bei Eintritt bestimmter Bedingungen eine Reihe von Schaltern gleichzeitig umlegt und andere Gewichtungsfaktoren aktiviert. Die Regel ist so formuliert, daß das Gewicht der Gewinnerwartung sich von 0,2 auf 0,1 verringert und das Gewicht der zukünftigen Nachfrage von 0,35 auf 0,45 steigt, wenn die Konkurrenzsituation schlechter als 0 bewertet wird. Ergebnis ist, daß die Marktattraktivität bei hoher (niedriger) zukünftiger Nachfrage und schlechter Konkurrenzsituation höher (niedriger) beurteilt wird als ohne diese Regel. In der Abbildung wird die Konkurrenzsituation mit "minus zwei" bewertet. Dies hat zur Folge, daß die Regel feuert und der Schalter betätigt wird. Ergebnis ist, daß die Gewichte der Indikatoren verändert werden und die Marktattraktivität mit "1,55" statt mit "0,75" bewertet wird, da die zukünftige Nachfrage als "sehr gut" eingeschätzt wurde.

Abb. 6.5.2.2.3.1./1	Regel zur Änderung von Gewichten

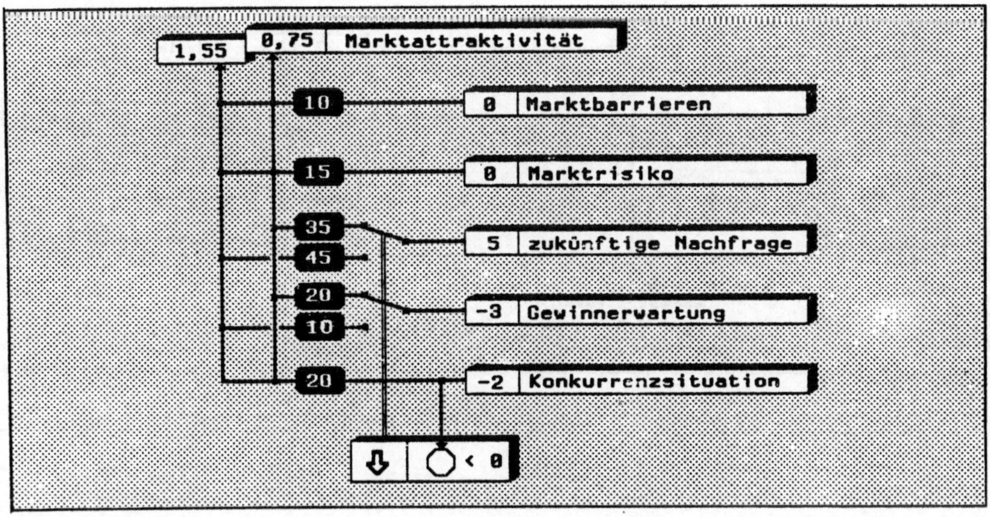

6.5.2.2.3.2. FAKTORISIERTE AB-/AUFWERTUNG

Die Art der Bewertung eines Indikators kann ein Indiz dafür sein, einen anderen Einflußfaktor gegenüber der vorgenommenen Bewertung ab- oder aufzuwerten.

Wird beispielsweise das Risiko in einem Markt sehr hoch eingeschätzt, so ist die Gewinnerwartung besonders kritisch zu betrachten. Um einer solchen Situation durch eine vorsichtige Bewertung Rechnung zu tragen, wird die Bewertung der Gewinnerwartung durch einen Faktor relativiert. Abbildung 6.5.2.2.3.2./1 zeigt eine solche Regel. Bei einer schlechteren Einschätzung des Marktrisikos als "minus zwei" wird die Einschätzung der Gewinnerwartung durch Multiplizieren mit dem Faktor 0,8 (bei Werten größer 0) bzw. 1,2 (bei Werten kleiner 0) um 20 % verringert. Im Beispiel der Abbildung hatte die Bewertung des Marktrisikos (minus drei) zur Folge, daß die Gewinnerwartung (fünf) um 20 % verringert wurde.

Abb. 6.5.2.2.3.2./1	Regel zur faktorisierten Abwertung eines Indikators

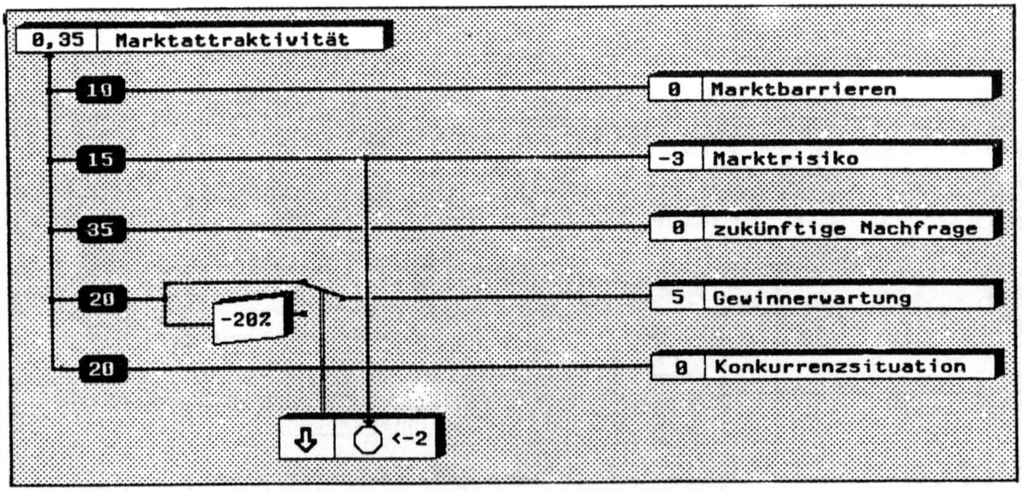

6.5.2.2.3.3. EINBRINGEN EINER KONSTANTEN

Wird die Akzeptanz einer Technologie als sehr schlecht eingeschätzt, so kann dies, man denke an die Atomenergie, zu einem K.o.-Kriterium werden. Eine nähere Analyse der Technologieattraktivität erscheint nur unter besonderen Voraussetzungen sinnvoll. Werden beispielsweise die Weiterentwicklungsmöglichkeiten, die im Zeitverlauf zu einer besseren Beherrschung der Technologie und damit u.U. zu einer Verbesserung der Akzeptanz führen können, nicht als "sehr gut" bezeichnet, kann die Technologieattraktivität direkt als "schlecht" bewertet werden. Die schlechte Akzeptanz müßte durch besonders gute Weiterentwicklungsmöglichkeiten überkompensiert werden, um eine weitere detaillierte Bewertung der Technologieattraktivität zu rechtfertigen. Abbildung 6.5.2.2.3.3./1 zeigt das Wirken einer solchen Regel. Sind die Akzeptanz geringer als "minus vier" und die Weiterentwicklungsmöglichkeiten nicht besser als oder gleich "plus vier" bewertet worden, erhält die Technologieattraktivität den Wert "minus fünf".

Abb. 6.5.2.2.3.3./1	Regeln zur direkten Änderung eines Wertes und zum Einbringen einer Zusatzstrategie

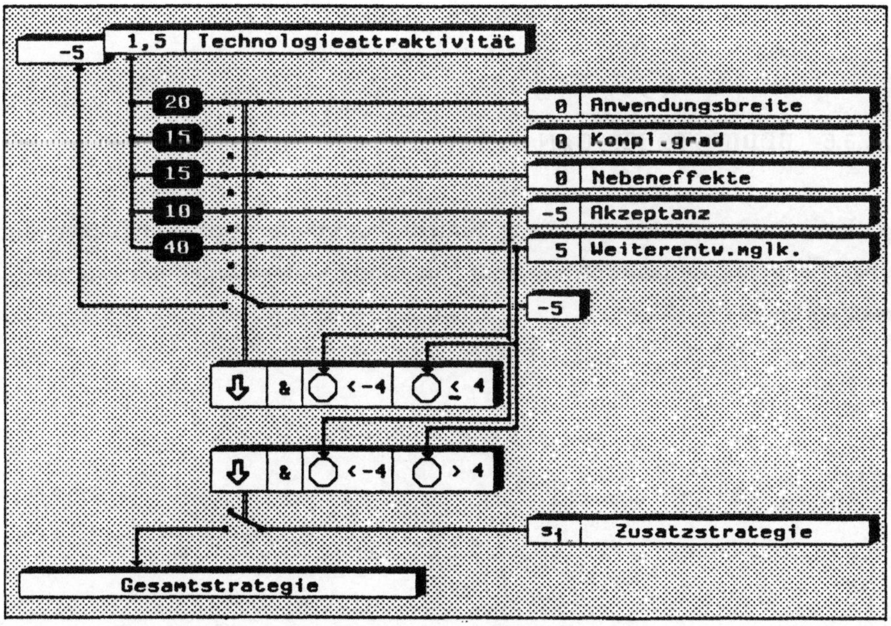

6.5.2.2.3.4. BEDINGTE STRATEGIEN

Das Auftreten von Bewertungen über-/unterhalb bestimmter Schwellenwerte kann auf Situationen hindeuten, die besondere Aufmerksamkeit erfordern. Auf solche Konstellationen kann mittels einer Zusatzstrategie hingewiesen werden. Da Zusatzstrategien nur unter bestimmten Bedingungen gültig sind, können sie nicht in die Gesamtstrategien integriert werden. Definiert man eine Aktion, die solche Strategien mit einer Gesamtstrategie verbindet, so kann man durch Nebeneffekte die Aufnahme einer solchen Teilstrategie in den Strategievorschlag steuern und die Strategieempfehlung differenzierter gestalten. Dadurch wird vermieden, daß die Informationen über diese spezielle Datenkonstellation durch Aggregation der Werte vernichtet werden.

Im Beispiel des Abschnitts 6.5.2.2.3.3. würde bei einer Bewertung der Akzeptanz von kleiner "minus vier" und der Weiterentwicklungsmöglichkeiten von größer "plus vier" diese Konstellation durch eine Zusatzstrategie hervorgehoben (vgl. Abbildung 6.5.2.2.3.3./1). Es wird dann darauf hingewiesen, die Weiterentwicklungsmöglichkeiten insbesondere unter dem Aspekt der Verbesserung der Akzeptanz zu untersuchen bzw. die Technologie dort zu verwenden, wo die Akzeptanz besser beurteilt wird. Im anderen Fall, wenn die Weiterentwicklungsmöglichkeiten die schlechte Akzeptanz nicht überkompensieren, weist das System in einer Zusatzmitteilung den Grund dafür aus, daß die Technologieattraktivität abgewertet wurde.

6.5.2.2.3.5. BEDINGTE FRAGEN

Einige Indikatoren werden erst nach Eintritt bestimmter Vorbedingungen durch Bewertungen anderer Indikatoren relevant. Sie sind in der Regel mit weiteren Nebeneffekten verknüpft.

Ein Beispiel für einen bedingten Faktor tritt bei der Bewertung der Patentsituation auf (vgl. Abbildung 6.5.2.2.3.5./1). Wird diese schlecht beurteilt, so wird die Frage gestellt, ob eine Verbesserung der Patentsituation durch Kauf von Patenten oder Lizenzen möglich ist. Stehen die Chancen dafür gut, so ist dies ein finanzielles, aber kein unlösbares Problem, welches die Bearbeitung des Marktes unmöglich machen würde, da die dem Produkt zugrundeliegende Technologie im Unternehmen nicht verfügbar ist.

Abb. 6.5.2.2.3.5./1	Zusammenwirken mehrerer Regeln

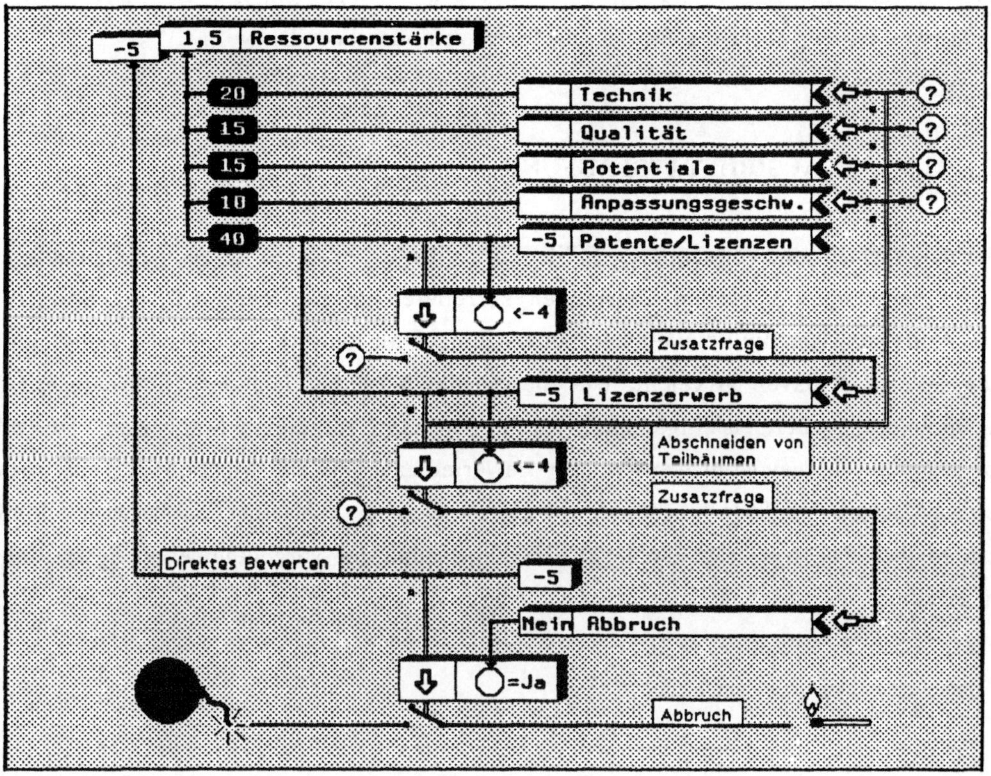

6.5.2.2.3.6. VERKÜRZUNG DES BEWERTUNGSPROZESSES

Eine Verkürzung der Analyse kann entweder durch das Abschneiden von Teilbäumen oder im Extremfall durch den Abbruch des Bewertungsprozesses erfolgen. Abbildung 6.5.2.2.3.3./1 zeigt ein Beispiel für das Abschneiden eines Teilbaumes. Wird die Akzeptanz schlecht beurteilt und sind die Weiterentwicklungsmöglichkeiten nicht besonders hoch, so wird die Technologieattraktivität ohne Berücksichtigung anderer Indikatoren dieses Teilbaumes mit schlecht bewertet.

Ein Beispiel für den Extremfall des völligen Abbruches zeigt Abbildung 6.5.2.2.3.5./1. Wird nach Einschätzung der Patentsituation mit schlechter als "minus vier" die Möglichkeit zum Erwerb von Lizenzen negativ beurteilt, so bringt das System in einer weiteren Zusatzfrage den Vorschlag, die Bewertung abzubrechen. Der Benutzer kann jedoch entscheiden, ob er die Bewertung fortsetzen oder beenden will.

6.5.2.2.3.7. PLAUSIBILITÄTSPRÜFUNG

Bei der Vielzahl der verwendeten Indikatoren gibt es Faktoren, deren Einschätzung mit der anderer unter normalen Umständen korrelieren müßte. Wenn z.B. die Bewertung der Anpassungsgeschwindigkeit des Unternehmens an neue technologische Entwicklungen sehr stark davon abweicht, wie die personellen Potentiale des Unternehmens im technologischen Bereich eingeschätzt werden, so kann auf diesen Mangel an Plausibilität gesondert hingewiesen werden. Der Bewerter hat dann die Möglichkeit, eine seiner Einschätzungen zu ändern, oder er gibt an, warum er bei seiner Einschätzung bleibt. Ein solcher Regeltyp trägt dazu bei, die Konsistenz der vorgenommenen Bewertungen zu erhöhen.

6.5.2.2.4. UNSCHÄRFE

Bei der Aggregation von Bewertungen in Knoten wird der nach Anwendung der Formel errechnete Wert (aus einem analogen kontinuierlichen Wertebereich W1) in einen (diskreten) Wertebereich (W2) transformiert. Dies erreicht man durch Äquivalenzklassenbildung auf W1. Dabei stellt sich die Festlegung und Handhabung der Grenzen zwischen den Äquivalenzklassen als sehr problematisch heraus, da selbst kleinste rechnerische Unterschiede, die nur marginal voneinander abweichende Situationen beschreiben, zu unterschiedlichen Strategien führen können. Durch Einführung eines Nebeneffektes besteht die Möglichkeit, dieses Problem zu lösen, obwohl die grundsätzliche Problematik einer Punktpositionierung bestehen bleibt. Statt disjunkter Äquivalenzklassen werden sich überlappende Bereiche geschaffen (vgl. Abbildung 6.5.2.2.4./1). Liegt der abzubildende Wert in einem Überlappungsbereich (durch "?" in den Rhomben gekennzeichnet), so wird die resultierende Klasse durch Nebeneffekte situationsgebunden, d.h. nicht nur in Abhängigkeit von den aggregierten Werten, sondern fundierter mittels zusätzlicher Regeln zugewiesen.

Abb. 6.5.2.2.4./1 — Unschärfebereiche bei der Aggregation in Knoten

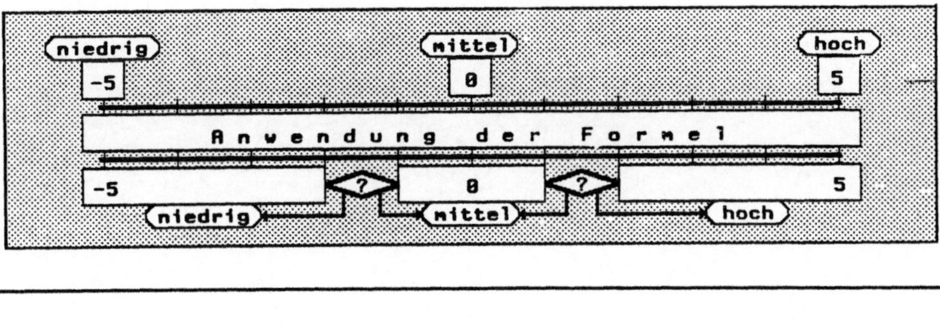

Befindet sich die Wettbewerbsposition im Unschärfebereich zwischen "mittel" und "gut", wird mit folgender Regel entschieden, ob sie als "gut" oder "mittel" bewertet wird.

Wenn

((Wert von Akquisitionsstärke > 1,5 und
Wert von relativem Marktanteil > -0,5) oder
(Wert von Akquisitionsstärke > -0,5 und
Wert von relativem Marktanteil > 1,5)) und
Konfidenz von Wettbewerbsposition > 70,

dann

wird die Wettbewerbsposition mit gut bewertet.

Abbildung 6.5.2.2.4./2 zeigt die Wirkung einer Unschärferegel. Obwohl die aggregierten Bewertungen der Marktattraktivität (MA) und der Wettbewerbsposition (WP) für Kmot1 und Kmot2 gleich sind, ergibt sich eine unterschiedliche Einschätzung bezüglich der Positionierung im Markt-Portfolio. Regeln dieses Aufbaus nehmen in allen Unschärfebereichen die Zuweisung der Einschätzungen zu den Handlungsmustern vor.

Abb. 6.5.2.2.4./2	Nachweis der Wirkung einer Unschärferegel

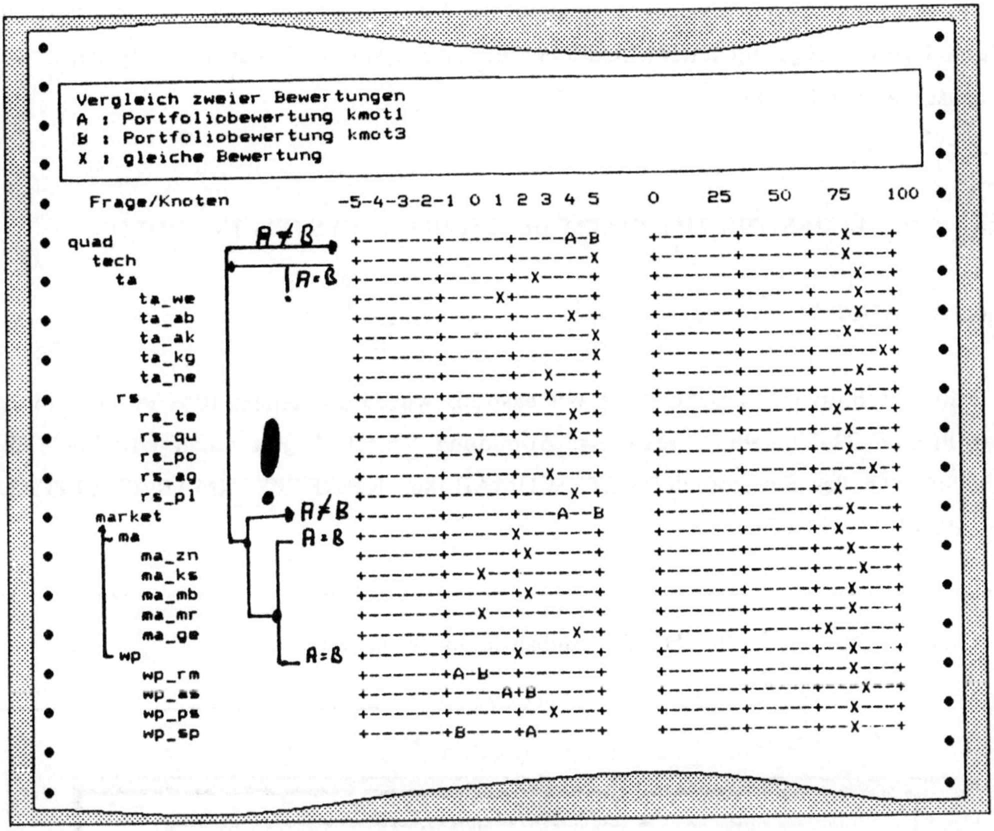

6.6. REALISIERUNG DES SYSTEMS

STRATEX wurde einmal mit einem speziellen, auf diese und verwandte Wissensbasen zugeschnittenen System und ein zweites Mal mit dem schon für zahlreiche andere Wissensbasen eingesetzten Expertensystemtool HEXE (MERTENS u.a. 86) realisiert, um Vergleiche der Eignung unterschiedlicher Expertensystemtools für die vorgestellte Wissensbasis zu ermöglichen.

6.6.1. REALISIERUNG MIT EINEM DEDIZIERTEN SYSTEM IN PROLOG

6.6.1.1. AUFBAU

Die in Abschnitt 6.5. beschriebene Wissensbasis wurde auf einem IBM PC-AT mit einer PROLOG2-Umgebung realisiert. Abbildung 6.6.1.1./1 gibt einen Überblick über die Struktur des Systems (KRAETZSCHMAR 86, KRAETZSCHMAR/PLATTFAUT 86, PLATTFAUT 87).

Abb. 6.6.1.1./1 Struktureller Aufbau der Implementierung

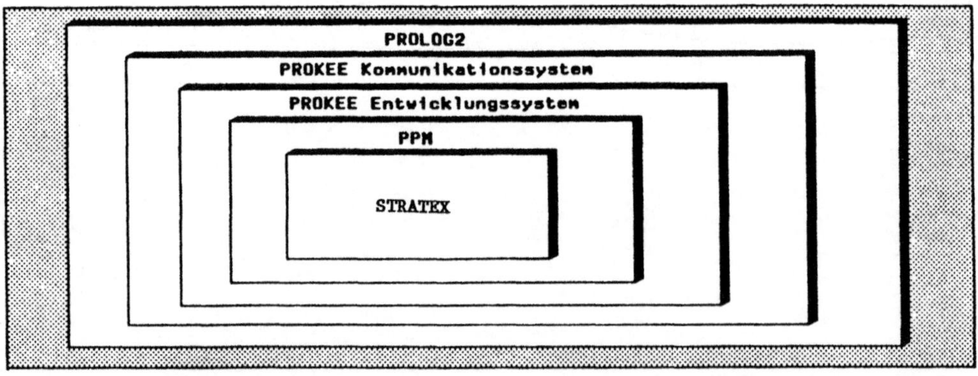

Bei dem PROKEE-Kommunikationssystem (PROLOG Knowledge Engineering Environment) handelt es sich um eine objektorientierte Erweiterung von PROLOG2. Das PROKEE-Entwicklungssystem enthält Konstrukte, die den Aufbau des zu erstellenden

Prototypen erleichtern. PPM (PROLOG Portfolio Management) ist das Wissensrepräsentationssystem, mit dessen Hilfe die Wissensbasis STRATEX implementiert wurde.

6.6.1.2. WISSENSREPRÄSENTATION

Das Wissensrepräsentationssystem PPM ist speziell für die Implementierung von Planungsmodellen auf Basis der Portfolio-Ansätze geschaffen worden, um eine der Struktur des Modells möglichst entsprechende und effiziente Repräsentation zu ermöglichen. Weiterentwicklungen und Modifikationen des Planungsmodells können dadurch flexibel vorgenommen werden. PPM versucht, durch Integration von Elementen verschiedener Basisrepräsentationsformen (Logik, Produktionsregeln, Frames und assoziative Netze) deren spezielle Vorteile zu nutzen, und ist damit ein hybrides Wissensrepräsentationssystem.

Basiselement ist ein Frame, der jeweils einzelne Indikatoren bzw. Knoten im Baum oder eine Strategie repräsentiert. Die Struktur der Fragebäume und der Strategiebildung wird durch die Definition eines Netzes auf der Menge der Frameinstanzen abgebildet. Für jede Frameinstanz werden ihre Verbindungen zu anderen durch Slots festgelegt. Das gesamte Planungsmodell enthält über 200 Frameinstanzen und ca. 300 Texte, die über Pointer mit den Frameinstanzen verbunden sind. Die in Abschnitt 6.5.2.2.3. dargestellten Nebeneffekte werden durch Regeln repräsentiert, die ebenfalls in Slots eingetragen werden.

Der Grundaufbau des Frames ist für Blätter, Knoten und Strategien gleich, wobei nicht alle Slots für alle Typen von Frameausprägungen relevant sind. Vorteil ist, daß auch "Knoten-Frames" als "Blatt-Frames" in der Inferenzmaschine verarbeitet werden können, da auch die Knoten die notwendigen Slots enthalten, um als Blätter verarbeitet werden zu können. Dies ermöglicht auf einfache Weise, den Inferenzprozeß zu beeinflussen und so die Analyse mit unterschiedlichem Detaillierungsgrad durchzuführen. Abbildung 6.6.1.2./1 zeigt beispielhaft eine Frameausprägung zur Repräsentation eines Knotens.

Im Identifikationsbereich wird jeder Ausprägung eines Frames ein eindeutiger Name zugewiesen und festgelegt, um welchen Typ (Blatt, Knoten, Strategie) es sich handelt. Der Slot des Blattbereichs enthält einen Verweis auf einen Fragetext und dient dem Erfassen der Bewertung von Blättern. Der Knotenbereich beschreibt die Aggregation

Abb. 6.6.1.2./1 Repräsentation eines Knotenindikators

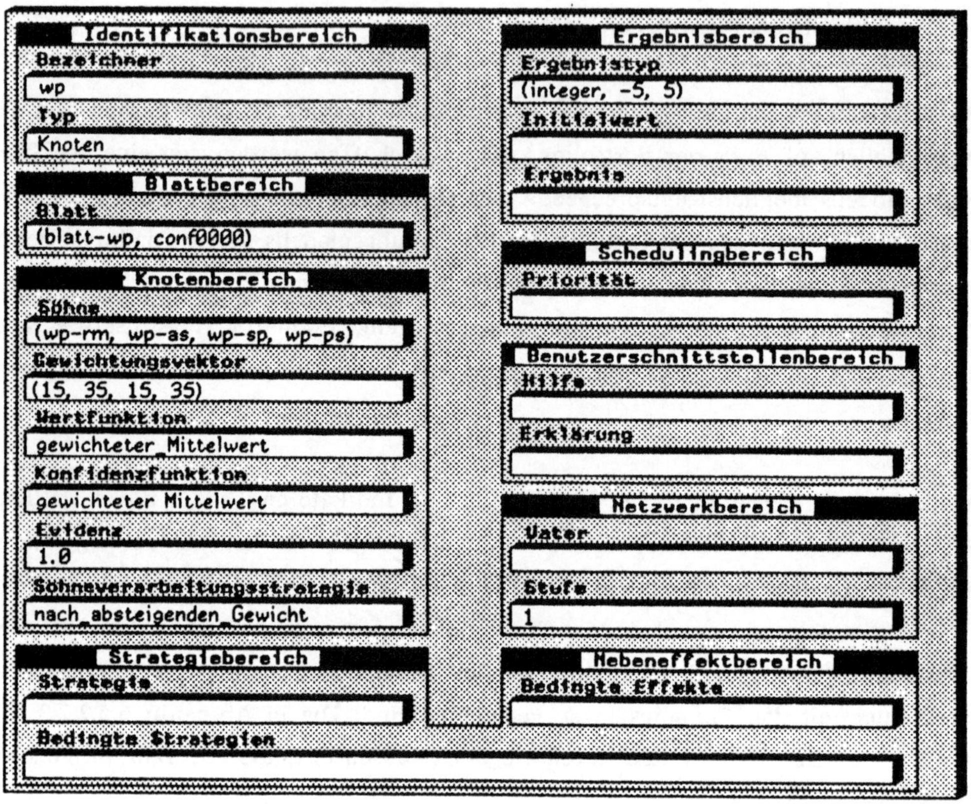

von Indikatoren, d.h., wie das Ergebnis der Frameausprägung aus anderen ermittelt wird. Angegeben sind hier als Funktionen die gewichtete Mittelwertbildung; es können jedoch auch andere, wie in Abschnitt 6.5.2.2.2. angesprochen, verwendet werden. Im Slot "Strategie" werden die Strategien durch eine Liste von Regeln repräsentiert, deren Aktion die Ausgabe von Gesamt- und Teilstrategien ist. Die Slots des Ergebnisbereichs enthalten das Ergebnis der Frameausprägung und unter Umständen einen Voreinstellungswert. Durch den Scheduling-Bereich kann die Abarbeitungsreihenfolge der Frameinstanzen durch die Inferenzmaschine beeinflußt werden. Im Benutzerschnittstellenbereich erfolgt eine Zuordnung der zur Verfügung stehenden Hilfe- und Erklärungstexte zu den Frameausprägungen. Diese wurden im Prototypen nur rudimentär realisiert. Über die Slots des Netzwerkbereichs und den Söhneslot im Knotenbereich wird der Aufbau von Taxonomien über die einzelnen Frameausprägungen ermöglicht. Der Nebeneffektbereich enthält die in Form von Regeln repräsentierten Nebeneffekte, zu denen auch die bedingten Strategien zählen.

6.6.1.3. WISSENSINTERPRETATION

Ziel der Inferenzmaschine ist es, eine Strategie auszuwählen. Dazu wird das in der Wissensbasis enthaltene Wissen angewendet, d.h., die Inferenzmaschine muß eine Menge benötigter Frameausprägungen identifizieren und jeweils den Slot Ergebnis mit einer Bewertung versehen. Um dies zu erreichen, werden die restlichen Slots interpretiert. Sie bestimmen, wie das Ergebnis ermittelt werden soll. Der Inferenzprozeß stoppt, sobald eine Instanz des Typs Strategie identifiziert und bewertet worden ist.

Abbildung 6.6.1.3./1 zeigt den Ablauf des Inferenzprozesses. Er wird durch eine sogenannte Agenda gesteuert, die als Stapel noch zu bewertender Frameinstanzen aufgefaßt werden kann. In einer ersten Phase des Inferenzprozesses, dem statischen Scheduling, werden auf Basis der vom Benutzer gewählten Analysetiefe nicht zu bewertende Frameinstanzen ausgeschlossen. Gleichzeitig wird unter Zuhilfenahme der Schedulingslots eine erste Agenda aufgebaut. Hierbei werden die Prioritäten der einzelnen Frameausprägungen berücksichtigt. Beispielsweise erhalten Frameausprägungen, die Verkürzungen des Bewertungsprozesses bewirken können, eine höhere Priorität.

Anschließend durchläuft die Inferenzmaschine eine aus Bewerten und dynamischem Scheduling bestehende Schleife so lange, bis die Agenda leer ist, d.h., keine Frameinstanz mehr zur Bewertung ansteht. Bei der Instantiierung wird jeweils eine Frameinstanz behandelt. Zunächst wird der Identifikationsbereich interpretiert, um festzustellen, welche Slotbereiche relevant sind.

Ist die Frameausprägung als Blatt zu interpretieren, so wird mit Hilfe der Slots des Blattbereichs ein Fragetext ausgegeben und die Bewertung erfragt.

Bei der Interpretation von Knoten werden die Slots des Knotenbereichs herangezogen. Der Slot "Söhne" ermöglicht den Zugriff auf die Ergebnisse der zu aggregierenden Indikatoren und das Erstellen der Ergebnisliste. Anschließend werden die Wertfunktion und die Konfidenzfunktion aus den entsprechenden Slots angewendet. Sollten die zu aggregierenden Indikatoren noch nicht vollständig bewertet worden sein, so dient die

Abb. 6.6.1.3./1	Ablauf des Inferenzprozesses in PPM

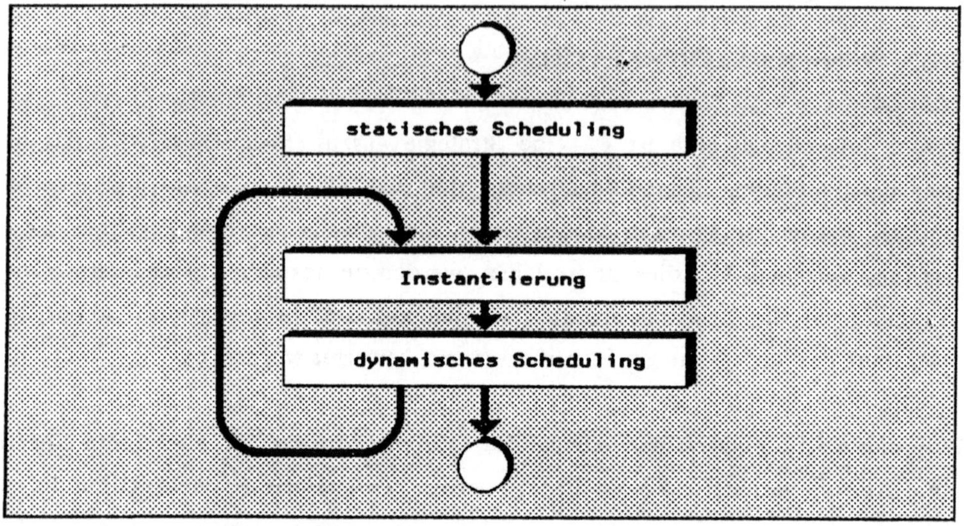

Söhneverarbeitungsstrategie zur Plazierung dieser unbewerteten Indikatoren auf der Agenda. Die Interpretation als Strategie erfordert lediglich eine Interpretation des Strategiebereiches.

Sind die Ergebnisse ermittelt, so können diese in die Slots eingetragen werden. In allen Fällen werden die Nebeneffekte überprüft und die Aktionsteile der Regeln mit erfüllter Vorbedingung ausgeführt. Ist eine Frameinstanz vollständig bearbeitet, so wird sie von der Agenda gelöscht.

6.6.1.4. DIALOGABLAUF

Nach Aufruf des Systems und Wahl der Analysetiefe, die im Untermenü "Einstellen von Parametern" erfolgt (vgl. Abbildung 6.6.1.4./1), beginnt der Bewertungsprozeß. Abbildung 6.6.1.4./2 zeigt eine typische Dialogmaske zur Erfassung der Bewertung eines Blattindikators. Es werden so lange neue Bewertungen gefordert, bis aufgrund der eingegebenen Einschätzungen eine Strategie identifiziert werden kann. Die ausgewählte

Abb. 6.6.1.4./1	Hauptmenü

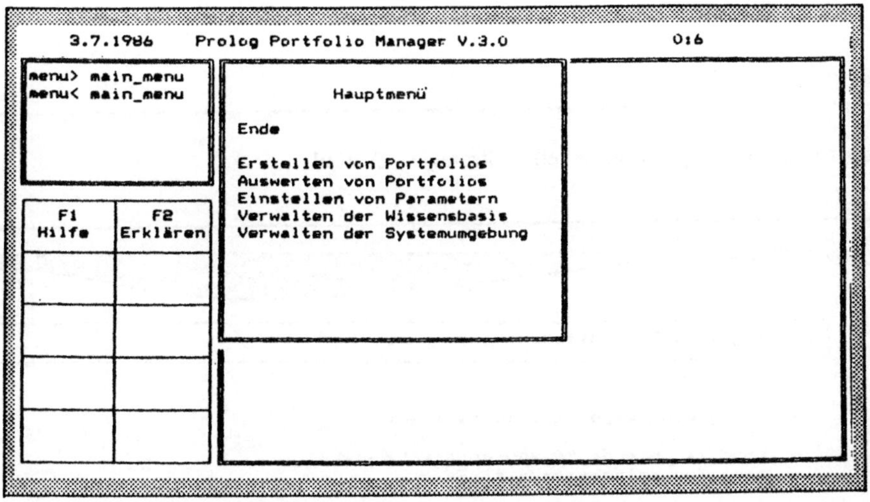

Abb. 6.6.1.4./2	Erfassen der Bewertung eines Blattindikators

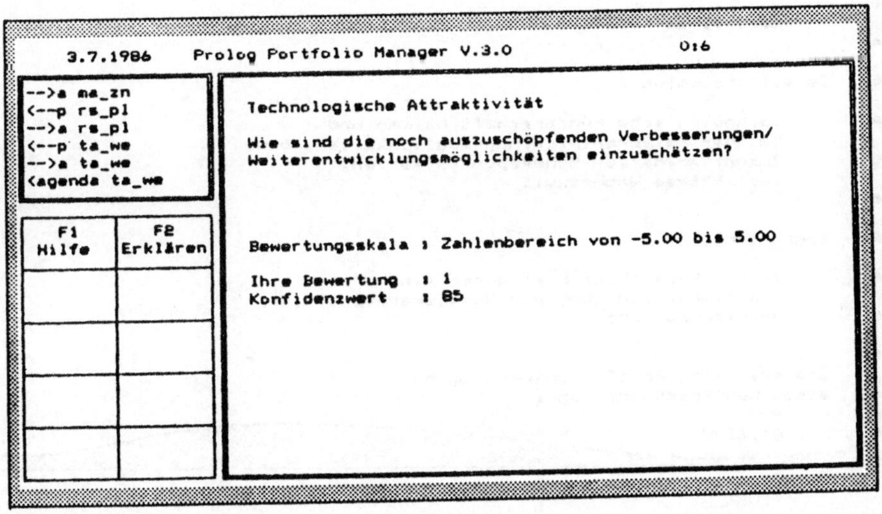

Strategie wird, ergänzt um eine Zusammenfassung aller Bewertungen eines oder mehrerer Bewerter, über Bildschirm oder Drucker ausgegeben (vgl. Abbildung 6.6.1.4./3). Dabei wird auch auf bestimmte im Verlauf des Bewertungsprozesses aufgetretene Nebeneffekte verwiesen.

Abb. 6.6.1.4./3	Beispiel einer Strategie - Textteil

```
Strategie zu Portfoliobewertung kmot1

Technologische Lagecharakteristika :

  -  hohe technische Ressourcenstärke und
  -  hohe Technologieattraktivität

Grundstrategie :

  -  halten / ausbauen
  -  durch Innovationsstrategie den Markt
     technologisch beeinflussen
  -  in Marktposition umsetzen

Marktliche Lagecharakteristika:

  -  mittlere Wettbewerbsposition
  -  hohe Marktattraktivität

Grundstrategie:

  -  selektives Wachstum

Detailstrategien :

  -  technologische Führerschaft halten und
     bei den Weiterentwicklungsmöglichkeiten  bzw.
     Zukunftsbedarfen Schwerpunkte setzen.
     (selektives Wachstum).

Begründung:

     In der Regel kann hier durch eine
     Programmbereinigung die Wettbewerbsposition
     verbessert werden.

Die erstellte Portfoliobewertung hat
einen Konfidenzwert von :

     81.6875
```

Bei der Abarbeitung der Indikatoren liegen die Antwortzeiten des Systems im Sekundenbereich. Der Aufbau der Agenda benötigt ca. 20 Sek. und die Auswahl der Strategie weniger als 10 Sekunden. Wartezeiten bei der Erfassung von Bewertungen liegen im Durchschnitt unter 3 Sek.

Abb. 6.6.1.4./3 Fortsetzung	Beispiel einer Strategie - Liste der Bewertungen

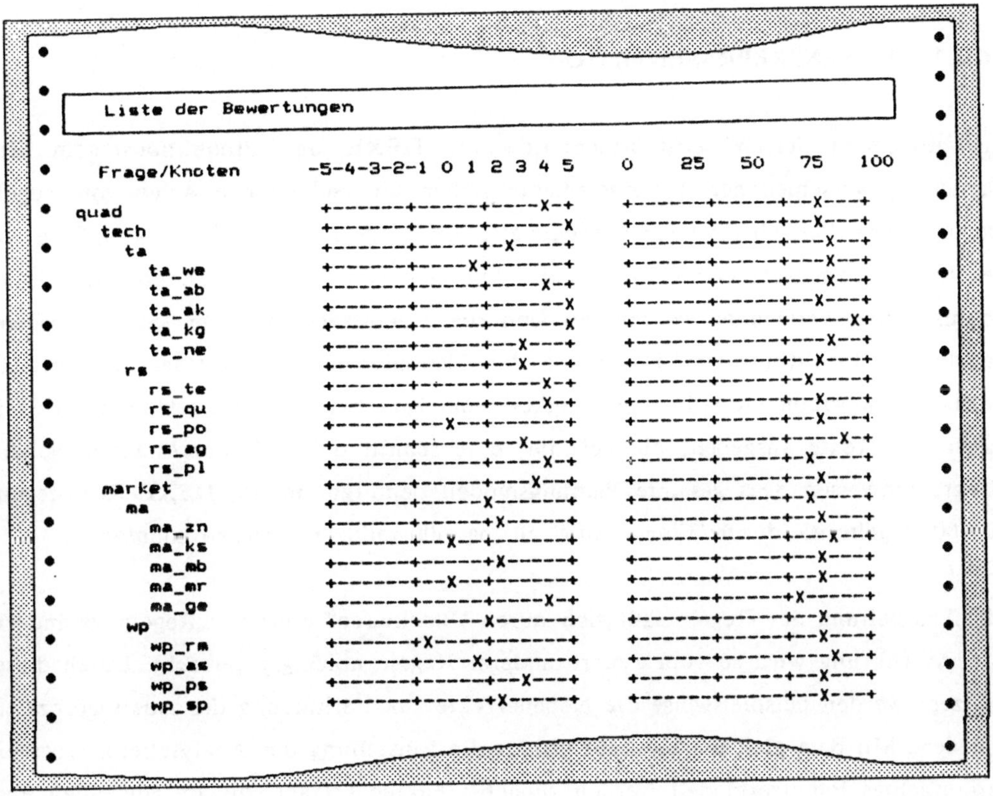

6.6.2. REALISIERUNG MIT DEM EXPERTENSYSTEMTOOL HEXE

6.6.2.1. AUFBAU

Die Realisierung von STRATEX mit dem Expertensystemtool HEXE erfolgte auf einer IBM 4361. Die Hauptkomponenten von HEXE sind die Regeladministration und -interpretation (ROSE u.a. 85). Die Regeladministrationskomponente bietet komfortable Hilfsmittel zum Anlegen und Ändern der Wissensbasis. Zum Abarbeiten der Wissensbasis stellt die Regelinterpretationskomponente verschiedene Funktionen (Regel abarbeiten, Erklärungskomponente, Löschen einzelner Fakten) zur Verfügung.

6.6.2.2. WISSENSREPRÄSENTATION

Strukturelement der Wissensrepräsentation von HEXE sind Produktionsregeln. Zur Darstellung verschiedener Wissenselemente stehen unterschiedliche Arten von Regeln (Boole, Bayes, Bereich etc.) zur Verfügung (MERTENS u.a. 86). Die Verknüpfung von Regeln zu einem Netz erfolgt, indem die Aktionen von Regeln in anderen Regeln als Voraussetzung verwendet werden. So sind die Voraussetzungen der "Strategieregeln" Regeln zur Ermittlung der Ergebnisse der Planungsdimensionen (Marktattraktivität, Wettbewerbsposition etc.). In Abhängigkeit vom Zu- bzw. Nichtzutreffen der Regeln lassen sich Texte ausgeben, die auf die in Abschnitt 6.5.2.2.3. dargestellten Nebeneffekte hinweisen. Das gesamte Planungsmodell benötigte in der HEXE-Realisierung ca. 700 Regeln, die durch "Fine-tuning" auf ca. 600 reduziert werden konnten.

Die Abarbeitung der Regeln läßt sich durch "Blockieren" einzelner Regeln verändern. Ihre Ausführung wird so vom Feuern anderer Regeln abhängig gemacht. Durch dieses Konzept werden beispielsweise die Nebeneffekte zur Verkürzung des Analyseprozesses realisiert. Mit dem gleichen Konzept erfolgt die Einstellung der Analysetiefe. Über ein vereinfachtes Benutzermodell werden zunächst Fakten erfragt, die im folgenden über Blockierbedingungen, den Inferenzprozeß in Richtung einer mehr oder weniger stark detaillierten Analyse beeinflussen.

Abbildung 6.6.2.2./1 zeigt einen Ausschnitt aus dem Regelbaum zur Bestimmung der Ressourcenstärke (RS). Stärker detailliert ist die in Abschnitt 6.5.2.2.3.5. vorgestellte Analyse der Patentsituation. Die Blockierung von RS führt dazu, daß zunächst die Regel "Z-PATE" abgearbeitet wird. Diese ist wiederum durch "B-PATE" blockiert. Daher

Abb. 6.6.2.2./1 Ausschnitt aus dem Teilbaum zur Bestimmung der Ressourcenstärke

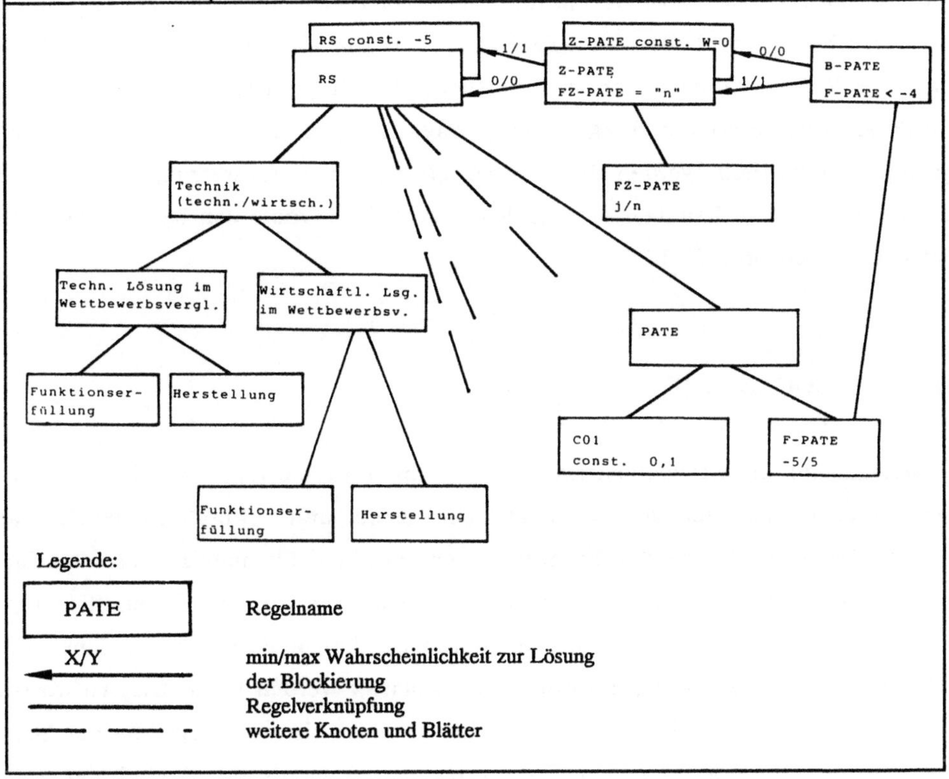

ist "B-PATE" die erste Regel, die bei der Analyse von RS bearbeitet wird. Voraussetzung von "B-PATE" ist die Frage "F-PATE", die als Frage am Bildschirm erscheint. Falls "F-PATE" - die Frage nach der Patentsituation - schlechter als "minus 4" bewertet wird, fällt die Blockierung von "Z-PATE" weg. Dies hat die Zusatzfrage "FZ-PATE" zur Folge, die nach der Möglichkeit zum Erwerb von Patenten oder Lizenzen fragt. Wenn diese Möglichkeit bejaht wird, so ergibt sich ein "normaler" Bewertungsprozeß. Andernfalls werden weitere Fragen zur Einschätzung von RS unterdrückt.

6.6.2.3. WISSENSINTERPRETATION

Die Wissensbasis wird zielgetrieben mit einer "Tiefe-zuerst-Suche" abgearbeitet. Die Ziele (Hypothesen) im Falle von STRATEX sind die einzelnen Strategien. Zunächst werden die Voraussetzungen der zu untersuchenden Hypothesen (die auch als Regeln repräsentiert sind) bestimmt. Liegen die Voraussetzungen einer Regel vor, so wird sie ausgeführt. Andernfalls werden durch Abarbeitung der Voraussetzungsregeln die notwendigen Fakten vom Benutzer erfragt. Kann eine der Hypothesen bestätigt werden, so bricht der Inferenzprozeß ab.

6.6.2.4. DIALOGABLAUF

Der Dialogablauf ähnelt weitgehend dem in Abschnitt 6.6.1.4. beschriebenen. In der ersten Phase beantwortet der Benutzer, wie schon unter Abschnitt 6.6.2.2. angesprochen, Fragen bezüglich der Bedeutung der einzelnen Planungsdimensionen für das zu analysierende Produkt. Dies hat einen mehr oder weniger hohen Detaillierungsgrad der in der Analyse zu bewertenden Indikatoren zur Folge. Es werden so lange Fragen gestellt, bis eine der Hypothesen (Strategien) bestätigt werden kann. Die Antwortzeiten des Systems betragen dabei u.U. bis über eine Minute. Bis zur Ausgabe einer Strategie können mehrere Minuten vergehen. Die Strategie wird dann einschließlich der während der Abarbeitung identifizierten Nebeneffekte am Bildschirm oder Drucker ausgegeben. Anschließend können mit der What-if-Komponente von HEXE einzelne Bewertungen verändert und so die Auswirkungen auf die ermittelte Strategie und Nebeneffekte geprüft werden (vgl. Abbildung 6.6.2.4./1). Die Verwendung dieser What-if-Komponente setzt allerdings eine relativ genaue Kenntnis des Regelwerks voraus.

Abb. 6.6.2.4./1	Maske der What-if-Komponente in HEXE

```
--------------------------------------------------------------------------
   WHAT-IF-AUSWAHLMASKE ZUM LOESCHEN EINZELNER FAKTEN AUS DER DATENBASIS
--------------------------------------------------------------------------

Nr ? Vom System erfragte Fakten                         (eingegebene Werte)

001  Produktstärke WP                                            1.0000
002  Strukturpotential WP                                        3.0000
003X Akquisitionsstärke WP                                       3.0000
004  Relativer Marktanteil WP                                   -2.0000
005X Marktbarrieren MA                                           4.0000
006  Gewinnerwartung MA                                          3.0000
007  Marktrisiko MA                                             -2.0000
008  Konkurrenzsituation MA                                      2.0000
009X Zukünftige Nachfrage MA                                     4.0000
010  Patente/Lizenzen Zusatzfrage RS                  0.00
011  Patente/Lizenzen RS                                        -5.0000
012  Nebeneffekte vorg. Funktionen Herstellung.                 -3.0000


--------------------------------------------------------------------------
=>
>PF3/15=EINGABE BEENDEN   PF 7/19=ZURUECK   PF8/20=WEITERE FAKTEN AUFLISTEN<
-> Nr. des zu aendernden Fakts eingeben und >DAT-FREIG< druecken
```

6.6.3. VERGLEICH DER BEIDEN REALISIERUNGEN

6.6.3.1. FUNKTIONALE KRITERIEN

Die wesentlichen Unterschiede zwischen den beiden Realisierungen liegen in der unterschiedlichen Form der Wissensrepräsentation und der Abarbeitungsstrategie.

Die Wissensrepräsentation des PROLOG-Prototypen wurde speziell auf diese und ähnlich strukturierte Wissensbasen zugeschnitten. Die dargestellten Effekte konnten deshalb im PROLOG-Prototypen besonders einfach realisiert werden. Die in PROLOG realisierte Wissensrepräsentation ist allerdings nur für die beschriebene bzw. verwandte Wissensbasen geeignet.

Die Abarbeitungsstrategie der Rückwärtsverkettung, die in HEXE implementiert wurde, ist besonders effizient, wenn nur wenige Hypothesen existieren (WATERMAN

86, S. 63 ff.). Bei der dargestellten Wissensbasis ist dies wegen der Vielzahl der unterschiedlichen Strategien nicht der Fall. Es ergeben sich daher erhöhte Systemlaufzeiten. Im PROLOG-Prototypen wurde dagegen eine Mischform der daten- und zielgetriebenen Strategie verwendet. Die Bestimmung der Planungsdimensionen erfolgt rückwärtsverkettend; die Zuweisung der Strategien wird dagegen vorwärtsverkettend vorgenommen.

Die HEXE-Version hat jedoch gegenüber dem momentanen Stand des PROLOG-Prototypen einige wesentliche Vorteile: Die Verwaltung (Anlegen, Ändern) der Regeln ist gegenüber der PROLOG-Realisierung besonders benutzerfreundlich über Menüs möglich. Zusätzlich bietet HEXE die Funktion, vorhandene Wissensbasen auf syntaktische Konsistenz zu überprüfen (WEDEL u.a. 86). Es bietet damit ein Werkzeug, welches die Erstellung von Wissensbasen wesentlich unterstützt. Weiterhin besteht die Möglichkeit, nach Abschluß der eigentlichen Analyse einzelne Einschätzungen zu ändern und so eine What-if-Analyse durchzuführen. Dagegen können in der PROLOG-Version durch einen zusammenfassenden Ausdruck zwei Bewertungen auf einfache Weise verglichen werden. Abbildung 6.6.3.1./1 gibt einen Überblick der angesprochenen Vergleichskriterien.

6.6.3.2. WIRTSCHAFTLICHE KRITERIEN

Wenn verschiedene Typen von Wissensbasen realisiert werden sollen, ist der Erstellungsaufwand der speziellen Systeme in der Summe vermutlich höher als der für ein allgemeines, auch wenn der Aufwand für ein einzelnes wesentlich niedriger ist. Dazu kommt, daß für jedes spezielle Tool je ein Spezialist für Wartungsarbeiten bereitgestellt werden muß.

Aus diesen Überlegungen heraus erscheint es sinnvoll, ein - soweit möglich - allgemeines Tool zu realisieren, mit welchem sich unterschiedliche Wissensbasen effizient aufbauen und nutzen lassen. Dies wird dann ein verschiedene Wissensrepräsentationstechniken integrierendes und damit hybrides Tool sein. Im Einzelfall ist jedoch abzuwägen, ob die funktionalen Vorteile zur Realisierung nicht doch für ein dediziertes System bzw. für eine spezifische Erweiterung des allgemeinen Tools sprechen. Dies wird um so eher der Fall sein, je größer die geschaffene Wissensbasis und je wichtiger die Anwendung selbst ist. So erscheint die Weiterentwicklung der STRATEX-Wissensbasis mit

Abb. 6.6.3.1./1	Eignung der Systeme zur Realisierung der Wissensbasis STRATEX

Beurteilungskriterien	HEXE-Realisierung	PROLOG-Realisierung
Abarbeitungsstrategie	-	+
Wissensrepräsentation	-	+
(Eignung für nicht verwandte Wissensbasen)*	+	-
Verwaltung der Wissensbasis	+	-
Konsistenzprüfung	+	-
What-if	+	-
Vergleich von Bewertungen	-	+
Dialogablauf	-	+

* Für die Realisierung von STRATEX nicht relevant

dem HEXE-Tool erst dann sinnvoll, wenn zumindest eine datengetriebene Abarbeitungsstrategie möglich ist.

6.6.4. VERGLEICH MIT ALTERNATIVEN REALISIERUNGEN

Schumann (SCHUMANN 87) hat bei einem Regelwerk vergleichbarer Größe einige Lösungsalternativen untersucht. Eine Alternative war, die gesamte Wissensbasis mit Hilfe einer Programmiersprache der dritten Generation zu realisieren. In diesem Fall muß die gesamte Wissensbasis im Programmcode umgesetzt werden. Das Programm würde neben der Wissensbasis auch den Abarbeitungsalgorithmus implizit enthalten. Auf Basis verschiedener Verfahren zur Kostenschätzung ergab sich für die Realisierung ein Aufwandsverhältnis von 4:1 im Vergleich herkömmlicher Programmierung zum wissensbasierten Ansatz.

Bezüglich des Vergleichs mit einem Entscheidungstabellen-Ansatz ließen sich folgende Aussagen treffen:

- Der wissensbasierte Ansatz erlaubt eine flexiblere Gestaltung des Regelaufbaus.

- Die Wissensbasis läßt sich bei einem Expertensystem-Ansatz wesentlich einfacher erweitern. So wurde z.B. auch der vorgestellte Ansatz in mehreren Phasen realisiert und überarbeitet. Dabei konnten jeweils Teile der vorangegangenen Phase weiterverwendet und die Wissensbasis an beliebigen Stellen erweitert werden.

- Die Abarbeitung der Regeln im Expertensystem erfolgt in Abhängigkeit der vorliegenden Daten, beim Entscheidungstabellenansatz dagegen nach einem fest vorgegebenen Schema.

Neben den Vergleichen von Schumann, die auf die technischen Aspekte einer alternativen Realisierung der vorliegenden Wissensbasis abzielten, erscheint es sinnvoll, auch Ansätze zu betrachten, die das Problem durch einen anderen Lösungsansatz angehen.

Die Bestimmung der Planungsdimensionen ähnelt in ihrer Struktur dem Vorgehen bei einer Nutzwertanalyse. Analog zur Nutzwertanalyse werden Indikatoren hierarchisch angeordnet und zu einem Nutzwert aggregiert. So gesehen enthält der vorgestellte Ansatz wesentliche Aspekte einer Nutzwertanalyse. Ein solcher nutzwertanalytischer Ansatz, allerdings nur unter Berücksichtigung von zwei Planungsdimensionen, wird von einigen DV-gestützten Modellen verwendet (BAETSCHMANN 85, CTM o.J., SCHLEPPEGRELL 85 oder auch das Modell von Ansoff, das zusätzlich in einem letzten Schritt die Bewertung der ausgewählten Strategien bzgl. möglicher Wettbewerberreaktionen einbezieht (ANSOFF 86)). Im Gegensatz zur Nutzwertanalyse werden die einzelnen Indikatoren im vorgestellten Modell nicht streng deterministisch aggregiert, sondern in Abhängigkeit der vorgenommenen Bewertungen. Darüber hinaus wird auch auf besondere Bewertungskonstellationen hingewiesen, die in einer Nutzwertanalyse im Aggregationsprozeß verwischt werden.

Saaty und Wind haben den Analytic Hierarchy Process (AHP) als eine Methode zur rationalen Auswahl von Alternativen vorgeschlagen (WIND/SAATY 80, SAATY 80). Beim AHP wird durch paarweises Vergleichen von Faktoren bezüglich ihres Einflusses auf die jeweils übergeordneten Ziele eine Reihenfolge der wichtigsten Faktoren einer Hierarchieebene aufgezeigt. Voraussetzung bei diesem Ansatz ist, daß strategische Handlungsalternativen festgelegt, diese in Teilaktivitäten zerlegt und gegenüber den Zielen gewichtet werden. Dies erfordert, daß bereits eine Vorentscheidung darüber gefallen ist, welche Handlungsalternativen man betrachten will. Der Ansatz von STRATEX zielt jedoch gerade darauf ab, ein erstes Handlungsmuster aufzuzeigen und auf Besonderheiten hinzuweisen, die sich aus der Konstellation der Bewertungen feststellen lassen. Würde man im AHP eine dem vorgestellten Modell entsprechende Vielzahl von typischen Handlungsalternativen zulassen und den gesamten Lösungsraum bearbeiten, so würde die Zahl der vorzunehmenden Paarvergleiche kombinatorisch explodieren. Der AHP bietet auch nicht die Möglichkeit, einmal erkannte Zusammenhänge zu formulieren und so sicherzustellen, daß auf diese in zukünftigen Situationen hingewiesen wird.

Scholz (SCHOLZ 83) hat das Modell STRATA (Strategic Analysis) entwickelt, welches hilft, sich ein möglichst konsistentes Bild von der Situation eines Unternehmens zu machen. Der Benutzer baut eine Hierarchie von Einflußfaktoren einer Situation auf und gewichtet und bewertet diese. Die Einschätzungen für jedes Element der Hierarchie werden als "fuzzy sets" repräsentiert und erfolgen auf verschiedenen Hierarchiestufen, so daß zum Teil redundante Informationen erfaßt werden. STRATA baut auf Basis dieser Eingabedaten eine eigene Hierarchie auf, vergleicht diese mit der vom Benutzer aufgebauten und liefert anhand einiger Parameter zur Konsistenz und Trennschärfe der Eingabedaten Hinweise, wie der Benutzer sein eigenes Modell verbessern kann. Die Stärke des Modells liegt in der Unterstützung beim Aufbau einer konsistenten Hierarchie; Handlungsempfehlungen als Ergebnis der Einschätzung oder Hinweise auf auffällige Datenkonstellationen liefert das Modell nicht. Es könnte jedoch eingesetzt werden, um einen möglichst konsistenten Fragebaum aufzubauen.

Der in Abschnitt 6.1. vorgestellte Prototyp eines Expertensystems zur strategischen Produktplanung von Müller-Wünsch ähnelt von der Idee her dem STRATEX zugrundeliegenden Konzept. Basis sind in beiden Fällen die Portfolio-Ansätze. In STRATEX wurde jedoch ein Markt- mit einem Technologie-Portfolio kombiniert, um eine erweiterte Bewertungsbasis für ein Geschäft zu schaffen.

Legt man die von Müller-Wünsch verwendete Definition darüber, was eine "Regel" ist, zugrunde, kommt man für STRATEX auf etwa 500 Regeln zur Bestimmung der Werte der Planungsdimensionen im Vergleich zu etwa 100 für den in Abschnitt 6.1. vorgestellten Prototypen (MÜLLER-WÜNSCH 86, S. 6).

Für die Bewertung der Indikatoren verwendet Müller-Wünsch, wie in Abschnitt 6.5.2.2.2. beschrieben, explizite Meßgrößen (vgl. Abbildung 6.1./1). Dies hat zur Folge, daß festgelegt werden muß, welche Höhe des Marktanteils als "Hoch", "Mittel" oder "Schlecht" bewertet wird. Das kann jedoch nicht allgemeingültig, sondern nur marktbezogen erfolgen. Genauso ist eine sinnvolle Zuordnung der Ausprägungen "Polypol", "Oligopol" und "Monopol" des Indikators Marktform zum Wertebereich nur aus der Position des Unternehmens im jeweiligen Markt abzuleiten.

Der wesentliche Unterschied zwischen den beiden Systemen liegt im Vorgehen bei der Bestimmung der Werte für die Planungsdimensionen und im Dialogkonzept. Im Prototypen von Müller-Wünsch ist es notwendig, alle Kombinationen von Indikatorenausprägungen in Regeln zu enumerieren, um den sich aus den Bewertungen ergebenden Lösungsraum für Knoten und Planungsdimensionen vollständig abzubilden. Diesen Kombinationen muß dann jeweils eine passende Ausprägung der Planungsdimensionen bzw. Knoten zugewiesen werden. Der sich ergebende Erstellungsaufwand für alle aus Bewertungen resultierenden möglichen Fälle ist bei einer größeren Anzahl von Indikatoren hoch.

Ein Ausweg ist, für die Bestimmung der Werte der Planungsdimensionen nicht alle zugehörigen Indikatoren, sondern nur einige zu verwenden. Als Nachteil ergibt sich dann, daß vorhandene Informationen (Einschätzungen der Indikatoren) nicht genutzt werden.

Eine andere Alternative ist, für einzelne Indikatoren Bereiche zuzulassen. Man würde z.B. Regeln für "Hohe Marktattraktivität" feuern lassen, solange die Rohstoffabhängigkeit des Marktes nicht als schlecht bzw. "instabil" bewertet wurde. Dadurch ließe sich der notwendige Enumerationsaufwand wesentlich verringern. Eine Gefahr dieses Vorgehens liegt darin, daß Regeln mit sich überlappenden Vorbedingungen formuliert werden, welche in der Wissensbasis Inkonsistenzen zur Folge haben können.

In STRATEX wird ein anderer Ansatz verfolgt. Die einzelnen Indikatorenausprägungen werden aggregiert und der drohende Informationsverlust über Regeln abgefangen, die bei bestimmten Schwellenwerten feuern. Es wird eine "Informationsnutzung by Exception" angewandt. Vorteil ist, daß Bewertungen ohne aufwendige Enumeration von Indikatorenausprägungen möglich sind und dennoch der Informationsverlust durch die Aggregation in Grenzen gehalten wird.

Das Dialogkonzept bzw. die zugrundeliegende Abarbeitung der Wissensbasis im Prototypen von Müller-Wünsch sieht momentan keine Interaktion mit dem Benutzer vor. Der Anwender nimmt einmalig in einer Maske seine Bewertungen vor (vgl. Abbildung 6.1./1). Das System analysiert diese und präsentiert, soweit die notwendigen Regeln vorhanden sind, die sich ergebende Strategie. Verkürzungen des Bewertungsprozesses, Variationen der Analysetiefe oder sich aus inkonsistenten Bewertungen ergebende Rückfragen des Systems sind bei diesem Vorgehen zur Zeit nicht möglich.

Die angeführten Kritikpunkte am Prototypen von Müller-Wünsch erfordern für eine notwendige Erweiterung der verwendeten Wissensbasis großen Aufwand. Dies liegt insbesondere darin begründet, daß die Zahl erforderlicher Regeln für die Bestimmung der Werte der Planungsdimensionen exponentiell mit der Zahl der Einflußfaktoren wächst. Zusätzliche Nachteile resultieren bei einer Erhöhung der Zahl der Indikatoren daraus, daß die Analyse der Bewertungen ohne Dialog mit dem Benutzer abläuft und daher immer alle Indikatoren bewertet werden müssen bzw. Voreinstellungen zum Zuge kommen. Es ist aber festzuhalten, daß die Integration der Wissensakquisition in die Nutzung des Systems vielfältige Möglichkeiten bzgl. der Erweiterung der Wissensbasis bietet. Als Problem ergibt sich dabei jedoch, daß die Gefahr, inkonsistente Wissensbasen aufzubauen, steigt. Das gilt insbesondere dann, wenn mehrere Personen diese Funktion des Systems nutzen. Entweder wären Kontrollmechanismen bereitzustellen, die andere Benutzer auf vorgenommene Veränderungen hinweisen, oder das System müßte aufbauend auf einem allgemeingültigen Teil der Wissensbasis personenspezifische Teilwissensbasen verwalten.

6.7. BEURTEILUNG UND GRENZEN DES VORGESTELLTEN KONZEPTES

6.7.1. BEURTEILUNGSKRITERIEN

Der Einsatzbereich eines auf dem vorgestellten Konzept basierenden Systems schließt es aus, seine Leistungsfähigkeit anhand kurzfristig meßbarer quantitativer Leistungskriterien zu bewerten. Als Ersatz können die beiden folgenden Ansatzpunkte dienen:

- Inwieweit ist es gelungen, die aufgeführten Schwächen der Portfolio-Ansätze auszuräumen bzw. ein über die Leistungsfähigkeit der Portfolio-Ansätze hinausgehendes Konzept zu schaffen?

- Wie wird das System von Experten, die sich mit dieser Problematik beschäftigen, beurteilt?

6.7.2. VERMINDERUNG DER SCHWÄCHEN DER PORTFOLIO-ANSÄTZE

Dimensionen, die bei konventionellen Portfolio-Ansätzen unabhängig voneinander zu bewerten sind, wurden in ein Planungsmodell integriert. So ist es möglich, neben marktlichen auch technologische Kriterien in eine Analyse einzubeziehen.

Die Verwendung von Fragebäumen zur Bestimmung der Bewertungen der Planungsdimensionen erlaubt eine Einschätzung auf einer weniger abstrakten Stufe und stellt auch sicher, daß alle als relevant erkannten Einflußfaktoren berücksichtigt werden.

Nicht alle einbezogenen Indikatoren sind jedoch in allen Situationen bedeutsam. Deshalb werden durch Regeln einzelne oder Gruppen von Indikatoren aktiviert bzw. deaktiviert. Hierdurch steigt die Handhabbarkeit des Modells, da langwierige Bewertungen von für die Situation nicht mehr relevanten Faktoren vermieden werden können. Ergänzt wird dies durch die steuerbare Analysetiefe.

Neben der Verbreiterung der Bewertungsbasis, die eine fundiertere Analyse erlaubt, wird mit Hilfe von Regeln auf besondere Bewertungskonstellationen hingewiesen. Es ist damit ein Ansatz entwickelt worden, der die Berücksichtigung von Interdependenzen zwischen den Bewertungsfaktoren erlaubt. Damit erreicht man auch, daß der Informationsverlust durch Aggregation vermindert wird und die Strategien durch entsprechende Hinweise spezifischer gestaltet werden können.

6.7.3. BEURTEILUNG DURCH PRAKTIKER

Das System wurde verschiedenen mit Planungsaufgaben betrauten Führungskräften vorgestellt. Es waren darunter Mitarbeiter der MAN, des Krupp-Forschungsinstituts und aus verschiedenen Bereichen der SIEMENS AG. Dabei wurde es jeweils anhand von Bewertungsbeispielen auf die Plausibilität seiner Empfehlungen geprüft.

Besonders positiv wurde gewertet, daß es durch die Kombination des Technologie- und Markt-Portfolios möglich wurde, die wesentlichen Kriterien zur Beurteilung eines Geschäftes zu berücksichtigen.

Die variable Analysetiefe erschien besonders für den praktischen Einsatz des Systems als sehr nützlich. Um dem Nachteil zu begegnen, den ein frühzeitiges Beschneiden der einzelnen Indikatoren mit sich bringt, müßte sie jedoch über den vorgestellten Ansatz hinaus wesentlich verfeinert werden:

- Der Benutzer sollte die Möglichkeit haben, auch während des Dialogablaufs den Detaillierungsgrad zu verändern.

- Vorteilhaft wäre, wenn das System abhängig von der Unsicherheit (Konfidenzwert) und der Widersprüchlichkeit der vorgenommenen Bewertungen (Plausibilität) die Analysetiefe selbsttätig verändern würde.

Der wesentliche Kritikpunkt ist, daß die ausgegebenen Strategien differenzierter gestaltet werden müssen. Bei einer Testbewertung eines Produktes, welches man bezüglich aller Dimensionen mittel bis hoch einschätzte, wurde die vorgeschlagene Strategie grundsätzlich als plausibel bewertet. Man kritisierte jedoch das Fehlen eines Hinweises darauf, daß die Fähigkeit des Unternehmens zur Vermarktung des Produktes im Gegensatz zu fast allen anderen Indikatoren sehr schlecht beurteilt worden war. Die Marketingschwäche und damit die Notwendigkeit, sich auf diese zu konzentrieren, wurde als das eigentliche Problem angesehen. Das Beispiel zeigt den typischen Fall des Fehlens einer Regel.

In einem anderen Bewertungsbeispiel gab das System die in Abbildung 6.7.3./1 gezeigte Empfehlung aus. Der Hinweis, warum die Wettbewerbsposition als schlecht beurteilt wurde, wies in den Augen der Beteiligten auf die mit dem Geschäft verbundene Hauptproblematik hin. Er wurde als ein Ausgangspunkt gesehen, die vorgeschlagene Normstrategie bzgl. des betrachteten Geschäftes stärker zu detaillieren.

Die Fälle zeigen, daß der Teil der Wissensbasis, der Hinweise auf typische Bewertungskonstellationen gibt, für einen praktischen Einsatz des Systems noch nicht umfangreich genug ist. Um diesem Mangel abzuhelfen, wäre es notwendig, das System einer längeren Testphase im praktischen Einsatz zu unterziehen. Die Wissensbasis könnte dabei ständig um die von den Nutzern vorgeschlagenen Regeln erweitert werden. Ergebnis wäre einerseits ein System, welches stärker differenzierte Vorschläge machen könnte und andererseits auf die Anforderungen der Nutzer zugeschnitten wäre.

Als eine wesentliche mögliche Erweiterung des Systems wurde angeführt, nicht nur 1:1 Bewertungen (eine Technologie zu einem Geschäft) zuzulassen, sondern auch n:1 bzw. 1:n Bewertungen zu erlauben. Das XPS könnte dann z.B. auf die Unterschiede in der Bewertung verschiedener Technologien bzgl. eines Geschäftes bzw. einer Technologie bzgl. verschiedener Geschäfte hinweisen.

Abb. 6.7.3./1	Strategieausgabe bei einem Testeinsatz - Textteil

```
Strategie zu Portfoliobewertung sinumerik

Technologische Lagecharakteristika:

  -  hohe technische Ressourcenstärke
  -  hohe Technologieattraktivität

Grundstrategie:

  -  halten / ausbauen
  -  durch Innovationsstrategie den Markt
     technologisch beeinflussen
  -  in Marktposition umsetzen

Marktliche Lagecharakteristika:

  -  schlechte Wettbewerbsposition
  -  hohe Marktattraktivität

Grundstrategie:

  -  Position entsprechend der Lücken verbessern
  -  Akquisition / Kooperation

Detailstrategien:

  -  Verbesserung der Wettbewerbsposition durch
     Anstrengungen im Vertrieb und Marketing.
  -  Die technologische Führerschaft muß für den Markt
     deutlicher werden.
  -  Absatzmechanismus und Strukturorganisation
     verbessern.
  -  Technologisches Know-How-Niveau halten und
     durch Innovationen verbessern.

Begründung:

     Klassisches Dilemma der Branche:
     starke Technik, aber strukturelle Schwächen,
     die sich z.B. im Preis bemerkbar machen und
     die Wettbewerbsposition nachteilig beeinflussen.

Die erstellte Portfoliobewertung hat
einen Konfidenzwert von:

     83.2500
```

Abb. 6.7.3./1 Fortsetzung	Strategieausgabe bei einem Testeinsatz - Liste der Bewertungen und Zusatzstrategie

```
Liste der Bewertungen

Frage/Knoten            -5-4-3-2-1 0 1 2 3 4 5   0     25    50    75    100

quad                    +-------+------+-X-----+  +-------+------+--X----+
  tech                  +-------+------+-------X  +-------+------+-X-----+
    ta                  +-------+------+---X---+  +-------+------+-X-----+
      ta_we             +-------+------+-----X-+  +-------+------+--X----+
      ta_ab             +-------+------+-----X-+  +-------+------+X------+
      ta_ak             +-------+------+-------X  +-------+------+----X--+
      ta_kg             +-------+------+X------+  +-------+------+X------+
      ta_ne             +-------+------+--X----+  +-------+------+--X----+
    rs                  +-------+------+-X-----+  +-------+------+--X----+
      rs_te             +-------+------+-------X  +-------+------+----X--+
      rs_qu             +-------+----X+--------+  +-------+-----X+-------+
      rs_po             +-------+------+-------X  +-------+------+----X--+
      rs_ag             +------X+------+-------+  +-------+------+----X--+
      rs_pl             +-------+------+-----X-+  +-------+------+--X----+
  market                +-------+------+-X-----+  +-------+------+---X---+
    ma                  +-------+------X-------+  +-------+------+X------+
      ma_zn             +-------+------+-------X  +-------+------+X------+
      ma_ks             +-------+--X---+-------+  +-------+------+----X--+
      ma_mb             +-------+--X---+-------+  +-------+------+----X--+
      ma_mr             +---X---+------+-------+  +-------+------+X------+
      ma_ge             +-------+------X-------+  +-------+-----X+-------+
    wp                  X-------+------+-------+  +-------+------+-------X
      wp_rm             +------X+------+-------+  +-------+--X---+-------+
      wp_as             +------X+------+-------+  +-------+------+X------+

Die Wettbewerbsposition des Unternehmens
ist sehr schlecht.

Frage                      Wert      Konfidenz


   wp         -5      100


Der Grund dafür liegt im geringen Marktanteil
bzw. der relativ schlechten Akquisitionsstärke.

Frage                      Wert      Konfidenz


   wp_as         -2      70
```

6.7.4. EINSATZ UND GRENZEN

Als Einsatzbereich ist an eine Planungsabteilung zu denken, die ein solches System verwendet, um anhand der "intelligenten" Checkliste eine erste Bewertung eines Geschäftes vorzunehmen. Die generierten Handlungsempfehlungen weisen auf die typischen Merkmale einer Situation hin. Durch die bedingten Strategien und andere Nebeneffekte wird eine auf das spezifische Geschäft zugeschnittene Differenzierung der Strategieempfehlung ermöglicht, die in einer nachfolgenden detaillierten Analysephase als Basis für eine inhaltliche Ausgestaltung der Strategie dienen können (vgl. Abbildung 6.7.4./1).

Selbst wenn die Zahl der berücksichtigten Dimensionen und der sie bestimmenden Einflußfaktoren wesentlich erweitert wird, ist es dennoch möglich, daß in einer speziellen Bewertungssituation neue, in der Vergangenheit nicht bekannte Einflußfaktoren und Interdependenzen relevant werden können oder berücksichtigte Faktoren nicht mehr sinnvoll sind. Hieraus ergibt sich auch der Zwang zu einer ständigen Kontrolle der Annahmen, die dem ausgewählten Indikatorensystem zugrunde liegen (STEINMANN/SCHREYÖGG 85). Die Einbeziehung aller bekannten Einflußfaktoren und ihrer Interdependenzen in das System stellt jedoch sicher, daß vermeidbare Fehler in der (Grob-)Bewertung eines Geschäftes nicht gemacht werden. Es liefert außerdem eine Dokumentation der Bewertungen, die zum einen die Vorschläge nachvollziehbar macht und zum anderen die Basis für eine spätere Kontrolle der Richtigkeit der Handlungsempfehlungen liefert.

Da die Strategieempfehlungen nur dann zutreffend sein können, wenn es sich um typische Situationen handelt, ist es notwendig, kritisch zu hinterfragen, ob es sich um eine solche typische Situation handelt. Ist dies nicht der Fall, so liefert die Strategieempfehlung im Sinne eines dialektischen Vorgehens zumindest eine Diskussionsbasis für die Erarbeitung einer Strategie, die auch die besonderen Gegebenheiten berücksichtigt.

Abb. 6.7.4./1 Einsatz des Systems zur Generierung strategischer Handlungsempfehlungen

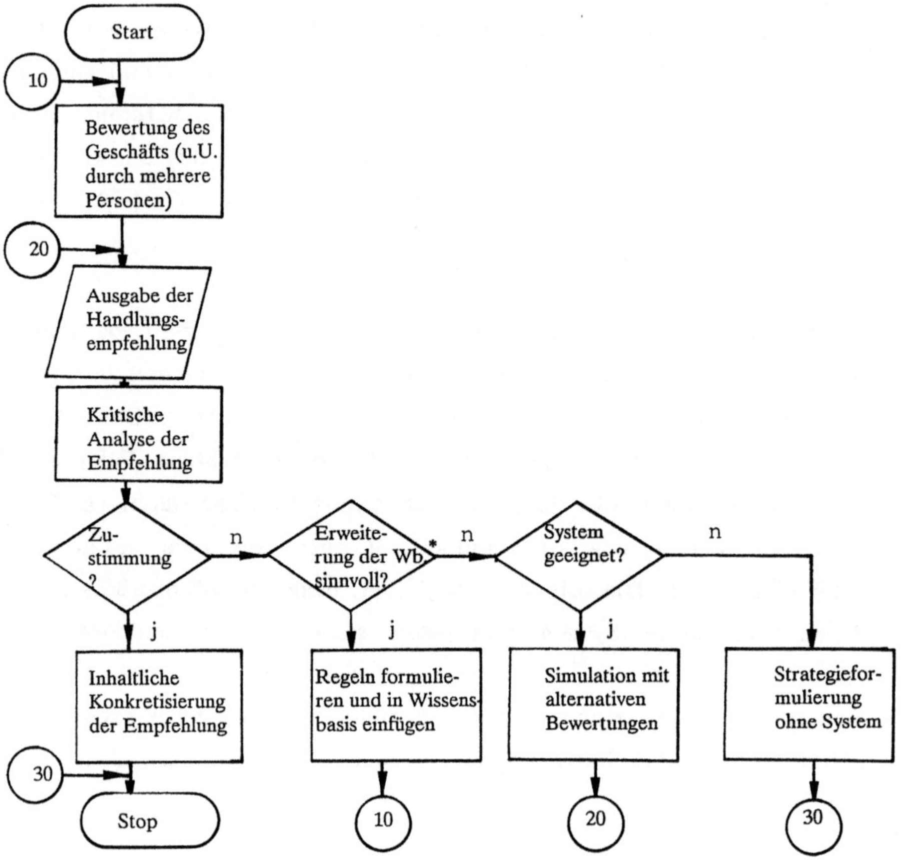

* Wissensbasis

6.8. WEITERENTWICKLUNGSMÖGLICHKEITEN DES VORGESTELLTEN KONZEPTES

Einige Ansatzpunkte für Weiterentwicklungsmöglichkeiten ergeben sich direkt aus Abschnitt 6.7:

- Erweiterung der Wissensbasis um eine Vielzahl von Nebeneffekten, wodurch eine stärkere Differenzierung der Strategievorschläge erreicht wird.

- Verbesserung des Dialogablaufs durch den Einsatz von Regeln in der Wissensbasis, die in Abhängigkeit von der Konfidenz und der Plausibilität der Bewertungen die Analysetiefe variieren.

Neben diesen beiden Ansatzpunkten, die auf eine Erweiterung bestehender Funktionen des Planungsmodells hinauslaufen, ist jedoch daran zu denken, grundsätzlich neue Funktionen zu realisieren:

- An der Formulierung einer Strategie für ein Geschäft werden sicherlich mehr als eine Person beteiligt sein. Das System könnte bei Vorliegen verschiedener Bewertungen des gleichen Geschäftes auf die Unterschiede hinweisen und aufzeigen, welche Bewertungen ausschlaggebend für die Generierung einer anderen Strategie waren. Durch eine Erweiterung der Plausibilitätsregeln könnte das System auf fehlende Plausibilität bzgl. der Einschätzungen zweier unterschiedlicher Bewerter hinweisen. An solche Plausibilitätsregeln ist in erster Linie bei der Einschätzung der unternehmensinternen Indikatoren (Indikatoren zur Wettbewerbsposition und technologischen Ressourcenstärke) zu denken, da bei diesen am ehesten Übereinstimmung vorauszusetzen ist. Die Diskussion über die vom Rechner gegebenen Hinweise wäre dann ein Schritt zur Verbesserung und inhaltlichen Konkretisierung der Handlungsempfehlungen.

- So wie man die Einschätzungen zweier Bewerter verknüpft, erscheint es auch sinnvoll (wie schon in Abschnitt 6.7.3. angedeutet), Beziehungen zwischen verschiedenen Geschäften zu formulieren. Das System könnte auf Besonderheiten aufmerksam machen, die bei isolierter Betrachtung einer Situation nicht entdeckt werden. Wenn z.B. die personellen Potentiale zur Realisierung einer Technologie hoch eingeschätzt werden, für eine andere in einem ähnlichen Bereich liegende jedoch niedrig, so ist zu diskutieren, ob nicht Synergieeffekte durch Kooperation der beiden Bereiche erzielt werden können oder ob vielleicht Fehler bei der Beurteilung gemacht wurden. Voraussetzung dafür ist, daß die Wissensbasis um Informationen über Zusammenhänge zwischen verschiedenen Geschäften und zugrundeliegenden Technologien erweitert wird.

6.9. LITERATUR ZU KAPITEL 6

ANSOFF 86 — Ansoff, I., Competitive Strategy Analysis on the Personal Computer, Journal of Business Strategy 6 (1986) 3, S. 28 ff.

BAETSCHMANN 85 — Baetschmann, H., Der Personalcomputer erleichtert die Portfolioplanung, IO Management Zeitschrift 54 (1985) 2, S. 79 ff.

BAILEY 85 — Bailey, D., Financial Advisor Puts Expert Wisdom inside Your Mainframe, New England Business vom 4. November 1985, S. 32 ff.

CLIFFORD u.a. 75 — Clifford, D., Bridgewater, P., Hardy, Th., The Game Has Changed, The McKinsey Quarterly, Autumn 1975, S. 2 ff.

COENENBERG/BAUM 86 — Coenenberg, A., Baum, H.-G., Wettbewerbsmatrizen als Ergänzung des Produkt-Portfolios, in: Gaugler, E., Meissner, H., Thom, N. (Hrsg.), Zukunftsaspekte der Anwendungsorientierten Betriebswirtschaftslehre, Stuttgart 1986, S. 91 ff.

CTM o.J. — CTM (Hrsg.), Broschüre von CTM zum System PLANOS SP, Konstanz o.J.

DUDA/GASCHNIG 81 — Duda, R., Gaschnig, J., Knowledge-Based Expert Systems Come of Age!, Byte 6 (1981) 9, S. 238 ff.

DUNST 83 — Dunst, K., Portfolio-Management, 2. Aufl., Berlin 1983.

GOUL u.a. 85 — Goul, M., Shane, B., Tonge, F., The Design of an Expert Subsystem for a Decision Support System with an Application to Strategic Planning, Proceedings of the 18th. Annual Hawaii International Conference on System Sciences 1985, S. 446 ff.

GOUL u.a. 86	Goul, M., Shane, B., Tonge, F., Using a Knowledge-Based Decision Support System in Strategic Planning Decisions: An Empirical Study, Journal of Management Information Systems 2 (1986) 4, S. 70 ff.
GRIMM 83	Grimm, U., Analyse strategischer Faktoren, Wiesbaden 1983.
HARMON 86	Harmon, P. (Hrsg.), Programming Concepts: An Overview of Knowledge Representation, Expert Systems Strategies, 2 (1986) 7, S. 1 ff.
HARMON/KING 86	Harmon, P., King, D., Expertensysteme in der Praxis - Perspektiven, Werkzeuge, Erfahrungen, München-Wien 1986.
HEDLEY 77	Hedley, W., Strategy and the Business Portfolio, Long Range Planning 10 (1977) 1, S. 9 ff.
HINTERHUBER 80	Hinterhuber, H., Strategische Unternehmensführung, 2. Aufl., Berlin-New York 1980.
KRAETZSCHMAR 86	Kraetzschmar, G., Unterstützung der Strategiefindung im Rahmen der Unternehmensplanung mit Hilfe eines in PROLOG implementierten wissensbasierten Systems, Studienarbeit, Erlangen 1986.
KRAETZSCHMAR/PLATTFAUT 86	Kraetzschmar, G., Plattfaut, E., Unterstützung der Strategiefindung im Rahmen der Unternehmensplanung mit Hilfe eines in PROLOG implementierten wissensbasierten Systems, Arbeitspapiere der Informatik-Forschungsgruppe VIII, Erlangen 1986.
LEVINE u.a. 86	Levine, P., Maillard, J-Ch., Pomerol, J-Ch., DECIDEX, un Système "Intelligent" pour l'Aide à la Décision Stratégique, in: Roos, J. (Hrsg.), Proceedings of the ifac International Conference on Economics and Artificial Intelligence, Aix-en-Provence 1986,S. 154 ff.
MAUTHE/ROVENTA 82	Mauthe, H., Roventa, P., Versionen der Portfolio-Analyse auf dem Prüfstand, Zeitschrift für Organisation (1982) 4, S. 191 ff.
MERTENS u.a. 86	Mertens, P., Allgeyer, K., Schumann, M., Ein Tool zur Entwicklung von Expertensystemen, Online (1986) 7, S. 29 ff.

MÜLLER-WÜNSCH 86	Müller-Wünsch, M., Ein wissensbasiertes System zur strategischen Produktplanung, Arbeitsbericht des Fachgebiets Systemanalyse und EDV im Institut für Quantitative Methoden der TU Berlin, November 1986.
ORSINI 86	Orsini, J-F., Artificial Intelligence: A Way through the Strategic Planning Crisis?, Long Range Planning 19 (1986) 4, S. 71 ff.
PALLADIAN o.J.	Palladian (Hrsg.), Broschüre der Palladian Software Inc. zum Financial Advisor, Cambridge o.J.
PEGUIN 86	Peguin, D., COLBERT: Système Expert en Stratégie Export pour PME, les Leçons d'une Experience, in: Roos, J. (Hrsg.) Proceedings of the ifac International Conference on Economics and Artificial Intelligence, Aix-en-Provence 1986, S. 243 ff.
PFEIFFER u.a. 82	Pfeiffer, W., Metze, G., Schneider, W., Amler, R., Technologie-Portfolio zum Management strategischer Zukunftsgeschäftsfelder, Göttingen 1982.
PLATTFAUT 87	Plattfaut, E., Dokumentation zum System STRATEX - Anhänge I-IV, Nürnberg 1987.
PORTER 82	Porter, M., Industrial Organization and the Evaluation of Concepts of Strategic Planning, in: Naylor, Th. (Hrsg.), Corporate Strategy, Amsterdam u.a. 1982, S. 183 ff.
PRERAU 85	Prerau, D., Selection of an Appropriate Domain of an Expert System, The AI Magazine 6 (1985) 2, S. 26 ff.
ROSE u.a. 85	Rose, H., Allgeyer, K., Schumann, M., Benutzerhandbuch zum Expertensystemtool HEXE, Arbeitspapiere der Informatik-Forschungsgruppe VIII, Erlangen 1985.
ROSENTHAL/PLATTFAUT 84	Rosenthal, W., Plattfaut, E., Ansatz zum Regelwerk für ein Expertensystem zur Unterstützung der strategischen Planung, interner Bericht der MAN AG, Nürnberg 1984.
SAATY 80	Saaty, Th., The Analytic Hierarchy Process, New York 1980.
SCHLEPPEGRELL 85	Schleppegrell, J., Informationsbroschüre über das Planungsmodell MAGRA, o.O. 1985.

SCHOLZ 83 Scholz, Ch., STRATA - A Method of Strategic Analysis of Complex Systems, Regensburger Diskussionsbeiträge zur Wirtschaftswissenschaft Nr. 169, Juli 1983.

SCHUMANN 87 Schumann, M., Eingangspostbearbeitung in Bürokommunikationssystemen, Expertensystemansatz und Standardisierung, Berlin u.a. 1987.

STEINMANN/SCHREYÖGG 85 Steinmann, H., Schreyögg, G., Strategische Kontrolle, Schmalenbachs Zeitschrift für betriebswirtschaftliche Forschung 37 (1985) 5, S. 391 ff.

STENDER 86 Stender, J., Expertensysteme im Marketing - Anwendungsmöglichkeiten und Perspektiven, in: Heilmann, H. (Hrsg.), Handbuch der Modernen Datenverarbeitung 23 (1986) 128, S. 99 ff.

SZYPERSKI/WINAND 78 Szyperski, N., Winand, U., Strategisches Portfolio-Management: Konzept und Instrumentarium, Schmalenbachs Zeitschrift für betriebswirtschaftliche Forschung, Kontaktstudium 30 (1978), S. 123 ff.

WATERMAN 86 Waterman, D., A Guide to Expert Systems, Reading u.a. 1986.

WEDEL u.a. 86 Wedel, Th., Allgeyer, K., Schumann, M., Konzeption und Realisierung einer Konsistenzprüfungskomponente für das Expertensystemtool HEXE, Arbeitspapiere der Informatik-Forschungsgruppe VIII, Erlangen 1986.

WILDE 84 Wilde, K., Konzeptionsalternativen der modellgestützten strategischen Planung: Ein empirischer Leistungsvergleich, Die Betriebswirtschaft 44 (1982) 2, S. 215 ff.

WILDEMANN 86 Wildemann, H., Strategische Investitionsplanung für neue Technologien in der Produktion, in: Albach, H., Wildemann, H. (Hrsg.), Ergänzungsheft 1 (1986) der Zeitschrift für Betriebswirtschaft, S. 1 ff.

WIND/SAATY 80 Wind, Y., Saaty, Th., Marketing Applications of the Analytic Hierarchy Process, Management Science, 26 (1980) 7, S. 641 ff.

7. GRENZEN UND KÜNFTIGE ENTWICKLUNGEN DER DV-UNTERSTÜTZUNG STRATEGISCHER PLANUNG

Die Komplexität der strategischen Planung führt dazu, daß der Wunsch nach Werkzeugen, die diese Komplexität beherrschbar machen bzw. reduzieren, besonders groß ist. Dies birgt natürlich die Gefahr, sich ausschließlich an einem solchen Werkzeug zu orientieren, wodurch eine unzulässige Vereinfachung der Realität vorgenommen wird. Der vielfältige Mißbrauch der Portfolio-Ansätze ist ein Beispiel. Die Gefahr steigt noch, wenn Ergebnisse, durch Rechner aufbereitet, einen scheinbar objektiven Charakter erhalten. Der sinnvolle Einsatz der Hilfsmittel kann aber helfen, Entscheidungen zu verbessern. Der Versuch, die strategische Planung zu automatisieren, muß jedoch fehlschlagen. Vielmehr zwingt der begrenzte Anwendungsbereich der einzelnen Methoden dazu, für eine individuelle Entscheidungssituation jeweils die geeignetste bzw. mehrere Methoden zu Rate zu ziehen. Ein brauchbares System zur Unterstützung der strategischen Planung wird sich daher immer aus mehreren Facetten zusammensetzen.

Problem bestehender Systeme zur Unterstützung strategischer Planung ist, daß sie weitgehend isoliert sind. Aufgabe muß sein, Systeme zu entwickeln, die bestehende Hilfsmittel integrieren. Dazu gehört die Verknüpfung mit Anwendungen der konventionellen Datenverarbeitung. Man denke z.B. daran, Kostenrechnungsdaten vergangener F&E-Projekte, die durch ein Produktlebenszyklus-Controlling bereitgestellt werden, für die Abschätzung des Aufwands einzusetzen, der während der Entwicklung eines neuen Produktes anfallen wird.

Expertensysteme können dazu beitragen, in Entscheidungssituationen die richtigen Hilfsmittel und Informationen bereitzustellen und zu verknüpfen. Bei der Analyse von Wettbewerbern vermag ein XPS selbständig geeignete externe Datenbanken auszuwählen, in diesen zu recherieren und die Informationen zur Verfügung zu stellen. Durch die Analyse von Personenprofilen wäre ein Expertensystem in der Lage, für Fragestellungen geeignete Gesprächspartner auszuwählen und danach, beispielsweise über Electronic Mail, eine Verbindung zu diesen aufzubauen. So wäre es für die Bewertung der Indikatoren des in Kapitel 6 dargestellten Systems auch möglich, daß ein XPS Vorschläge liefert, indem es interne und externe Datenbanken auswertet.

Um auch nur Ansätze für die skizzierten Anwendungen zu entwickeln, wird enormer Aufwand erforderlich sein. Man denke z.B. an die notwendigen natürlichsprachlichen

Schnittstellen, die es auch DV-unkundigen Nutzern erlauben würde, solche Systeme einzusetzen. Dieser Aufwand sollte jedoch den möglichen Auswirkungen gegenübergestellt werden, die verbesserte Entscheidungen zur Folge haben.

VERZEICHNIS DER VERWENDETEN ABKÜRZUNGEN UND AKRONYME

AHP	Analytic Hierarchy Process
AutoPart	Automatische Partnerversorgung
BSP	Business Systems Planning
CMA	Cash Management Account
CRLC	Customer Resource Life Cycle
CSF	Critical Success Factors
CUSP	Customer-Programming-Language
DB	Datenbank
DM	Data Management
DOMA	Dokumentation Maschinenbau
DSS	Decision Support System
DV	Datenverarbeitung
EMS	Electronic-mail-System
FCS-EPS	Financial Controlling System - Entscheidungs- und Planungs-Softwaresystem
FNTL	Financial Times Ltd.
GDSS	Group Decison Support System
HEXE	Hilfsmittel zur Expertensystem-Erstellung
IR	Information Retrieval
IT	Informationstechnik
IS	Informationssystem
KEE	Knowledge Engineering Environment
MA	Marktattraktivität
MIS	Management Informations Systeme
MSA	Marketing Strategy Assistant
PIMS	Profit Impact of Market Strategies
PPM	PROLOG Portfolio Management
PROKEE	PROLOG Knowledge Engineering Environment
PROLOG	Programming in Logic
PTSP	Predicasts PROMT
RS	Ressourcenstärke
SABRE	SemiAutomative Business Research
SGE	Strategische Geschäftseinheit
SIS	Strategische Informationssysteme
STRATA	Strategic Analysis
TA	Technologieattraktivität
TDB	Technologiedatenbank
WP	Wettbewerbsposition
XPS	Expertensystem

GPSR Compliance

The European Union's (EU) General Product Safety Regulation (GPSR) is a set of rules that requires consumer products to be safe and our obligations to ensure this.

If you have any concerns about our products, you can contact us on ProductSafety@springernature.com

In case Publisher is established outside the EU, the EU authorized representative is:

Springer Nature Customer Service Center GmbH
Europaplatz 3
69115 Heidelberg, Germany

Batch number: 10816188

Printed by Printforce, the Netherlands